KB262098

영지주의자들

영지주의자들

MADELEINE SCOPELLO
LES GNOSTIQUES

Copyright © 1991 Les Éditions du Cerf
29, boulevard La Tour-Maubourg, 75007 Paris, France
All rights reserved

Translated with notes by Andreas Su-Min Ri
Korean translation copyright © 2005 by Benedict Press, Waegwan, Korea

Korean translation edition is published by arrangement with
Les Éditions du Cerf
Paris, France

영지주의자들
2005년 9월 초판 | 2019년 12월 3쇄
옮겨엮은이 · 이수민 | 펴낸이 · 박현동
펴낸곳 · 성 베네딕도회 왜관수도원 ⓒ 분도출판사
찍은곳 · 분도인쇄소
등록 · 1962년 5월 7일 라15호
04606 서울 중구 장충단로 188(분도출판사 편집부)
39889 경북 칠곡군 왜관읍 관문로 61(분도인쇄소)
분도출판사 · 전화 02-2266-3605 · 팩스 02-2271-3605
분도인쇄소 · 전화 054-970-2400 · 팩스 054-971-0179
www.bundobook.co.kr

ISBN 978-89-419-0514-1 93230

이 책의 한국어판 저작권은
Les Éditions du Cerf와 독점 계약한 분도출판사에 있습니다.
저작권법에 의해 한국 내에서 보호를 받는 저작물이므로
무단 전재와 무단 복제를 금합니다.

마들렌 스코펠로

영지주의자들

한님성서연구소
이수민 편역

분도출판사

【편역 대본】

Madeleine Scopello, *Les gnostiques*, Paris: Les Éditions du Cerf-Fides 1991.

【보충 자료】

Madeleine Scopello, Les courants gnostiques, *Histoire du christianisme* I, Desclée,
    2000, 331-46.

● *표는 편역자가 보충한 부분이다.

옮긴이의 글

『영지주의자들』은 대중문고로 1991년에 프랑스에서 발간되었고 이탈리아어와 일본어로 번역되었다. 그리고 같은 저자가 『그리스도교 역사』 제1권(프랑스 Desclée 2000)에 삽입한 「영지주의 조류들」*Les courants gnostiques*에는 새로운 자료들을 더 첨가하였기에 역자는 이들을 보충하고, 각주와 색인을 덧붙여 '편역'이라고 하였다.

저자 마들렌 스코펠로 여사는 1974년부터 나그 함마디 콥트어 문헌들의 원문 설정과 번역 및 주해에 몰두해 왔고, 현재 프랑스 국립과학연구소 연구원으로 '영지주의와 마니교' 분야를 담당하고 있다. 그는 편찬 중인 『아우구스티누스 대사전』의 마니교 전문 기고자이기도 하다. 단행본으로 『영혼에 관한 주석』과 『외방인』을 나그 함마디 국제연구팀의 주관 아래 출판했고, 그 밖에도 많은 연구 논문을 발표했다. 전체적으로 이 책은, 종래의 편견과 가설들을 떠나 영지주의자들이 쓴 직접 원천 문헌을 바탕으로 교부들의 진술을 재평가했다는 점이 특징이다.

20세기에 이집트에서 발견된 영지주의와 마니교의 가장 귀중한 필사본들이 콥트어로 씌어졌으므로, 역자는 콥트어를 오늘까지 간직한 그리스도교의 역할에 감탄을 금하지 못한다. 더구나 콥트어를 통해 이집트 상형문자가 해독되었다는 사실만으로도, 이집트 그리스도교는 전 세계에 영원히 찬사를 받아 마땅할 것이다. 20세기 신학자들의 연구 결과에 따르면, 영지주의는 그리스도교 원천의 한 분야에 속한다. 앞으로 이집트 나그 함마디에서 발견된 영지주의자들의 필사본이 우리말로 번역될 것을 기대하면서 이 책을 영지주의의 개론서로 내놓는다.

영지주의자들은 예수 그리스도가 온 인류의 구원을 선포했으나 세상은 아직 구원될 수 없는 절망 상태에 머물러 있음을 목격한다. 그들은 유다인들이 쓴 창세기의 천지창조 이야기는 악한 신이 악한 세상을 창조한 이야기라고 주장하고, 반드시 구원되어야 할 영혼이 악에서 해방되기 위해서는 "알지 못하는 신"을 찾아 엄격한 영성생활을 해야 한다고 결론내린다. 이러한 신심은 예루살렘 성전이 무너지고 재건할 희망마저 잃은 데다, 한결같이 기다리던 그리스도의 재림도 실현되지 않은 채 악이 넘쳐나는 이 세상의 절망적 상황에서, 곧 구원을 절실히 바라는 상황에서 이해되어야 할 것이다.

그리스도 교회가 예루살렘에서 시작된 지 200년이 지났을 때와 한국 그리스도 교회가 이 땅에 뿌리내린 지 200년이 넘는 오늘의 사정은 비교할 만하다. 오로지 영적 그리스도를 통한 구원을 갈망한 그들과 그리스도교적 영성을 찾아 헤매는 한국 그리스도교 신자들의 갈증은 너무나도 흡사하다. 2~3세기의 영지주의 역사를 살펴보면 "참다운 그리스도교적 인간 구원"의 문제가 얼마나 절실했는지를 배울 수 있다. 이들은 가장 확실한 영적 구원의 체계를 세우고 자기들만이 가장 참다운 그리스도인이라고 자부한다. 그래서 그들은 오로지 신비 세계에서 복음의 "자비로운 그리스도"와 "무한히 선하신 성부"를 찾아 구원을 받으려 한다. 영지주의자들은 아직 꼴을 갖추어 가는 중인 교회로부터 인정을 받지는 못했으나, 초대 그리스도교 영성에 상당한 영향을 준 것만은 사실이다. 그들의 첨단적 사색은 교회 제도를 부정하기에 이르렀고, 그리스도교가 로마 제국의 국교로 인정된 이후 교회 제도는 더욱 강화되어 영지주의는 더 오래 지속될 수 없었다. 그러나 교회의 가장 어려웠던 시대에 영지주의는 무수한 지식인들에게 좌절감을 극복하고 열정적 희망에 사로잡히게 했다. 역자는 아직 물질주의 관념에서 해방되기 어려운 한국 그리스도인들에게 영지주의를 알리고 싶은 마음에서 이 작품을 소개한다. 우리는 낯선 서구 교회의 전통을 극복하기 위해, 반드시 초대 그리스도교의 원천들을 탐구하고 만민을 위한 교회 전통의 심오한 변증법적 발전을 이해해야 할 것이다. 마르치온(85~165년경) 사상이 초대 교회의 성서 목록 설정과 공번된 가톨릭 교회의 창설에 박차를 가하게 했다는 사실을 예로 들 수 있다.

20세기의 가장 큰 발견인 나그 함마디 사본은 그리스도교가 창설된 불투명한 고대 후기 시대상에 뜻밖의 새로운 빛을 비추어 준다. 최근(2000)에 영역본이 완성되고 프랑스어와 독일어 번역은 아직 완성되지 못한 채 영지주의의 기원과 사상 체계에 대한 다양한 가설들이 늘어가고 있다. 최근 연구 결과에 따르면 영지주의의 기원이 유다-그리스도교의 세례 공동체에서 비롯된 것으로 드러나며 세례, 도유, "신방"新房성사 집행이 구원의 열쇠인 것으로 밝혀졌다. 영지주의의 정체가 해마다 달라지는 것으로 보아 셋파, 발렌티누스파, 바실리우스파의 관계도 21세기 말에는 밝혀질 것으로 보인다.

1997년에 발간된『나그 함마디 사본에 관한 50년간의 연구 현황』을 보면 크게 두 가지 방향을 지적할 수 있다. 첫째는 유다 전통과의 관계이고, 둘째는 신약성서와의 관계이다.

1) 유다 전통과의 관계에 대한 연구가 활발해진 이유는 나그 함마디 문헌 속에서 그리스 신화나 이란 신화보다 구약성서나 고대 후기 유다 묵시문학 등의 영향이 더 뚜렷이 나타나기 때문이다. 지금까지 발표된 연구들에 따르면, 영지주의 '셋파'의 사상은 유다인들의 창세기 주해에서 시작되었고 그리스도교적 해석이 삽입·추가되었음을 입증한다.

2) 오늘날 전 세계 콥트어 학자들 대다수가 나그 함마디 문헌 연구에 몰려 있는데, 그 연구원들의 과반수가 신약성서와의 관계를 밝히는 데 몰두하고 있는 형편이다.

나그 함마디 사본이 발견된 이후 오늘날까지 신약성서 학자들이 가장 많은 관심을 가져 온 논고는『토마 복음』이다. 예수의 말씀을 114 성언(logia, logion의 복수)으로 나눈『토마 복음』은 잠잠했던 Q연구(원복음 연구)에 불을 붙였다. 이 연구는 "살아 계신 예수께서 말씀하시고, 디디무스(= 쌍둥이) 유다 토마가 받아쓴 비밀 말씀들"로 시작된다. "디디무스 유다 토마"라는 이름은 옛 시리아어 성서로만 이해가 가능하다. 요한 20,24의 "'쌍둥이'라고 불리는 토마"는 쌍둥이를 "타마"라고 부르는 아람어(= 시리아어) 어휘를 전제로 하며, 이는 요한 14,22의 "이스가리옷이 아닌 다른 유다"를 옛 시리아어 성서에서 "유다 토마"라고 번역했기 때문이다. 나그 함마디 문헌 가운데『토마 복음』과 『용사 토마의 책』은 시리아어로 씌어진 『토마 행전』과 밀접히 연관되어 있다. 그리고 시리아와 인도 지역을 망라한 동방 그리스도교 전통에서는 토마 사도가 처음으로 그리스도교를 전파했다고 전한다. 이 "쌍둥이"가 『토마 행전』에서 예수의 영적 '쌍둥이'로 해석되었고, 나그 함마디 문헌은 '육적 예수'에 반대되는 '영적 예수', '예수의 거울'로 풀이하게 된 것이다. 뿐만 아니라 마니(216~274/276/277)가 자신의 교회(마니교)를 창설하면서 자신이 '예수의 쌍둥이'이며 '파라클레토스'라고 한 사실도 참작해야 할 것이다.

현재 전문가들(M. Tardieu: 프랑스; J.D. Turner: 미국)이 몰두하고 있는 영지주의와 플라톤 철학, 특히 중기·신 플라톤 사상에 대한 연구도 영지주의와 그리스도교의 기원을 이해하는 데 중요한 측면이 될 것이다.

혼동을 피하고 이해를 돕기 위해 필요한 외래어(주로 프랑스어)를 첨가하는 경우에 저서명은 이탤릭체로, 전문 용어와 고유명사는 보통체로 표기했다.

영지주의에 관한 지식이 또한 마니교의 역사와 교리를 이해하는 데 많은 도움이 되므로 유익한 개론서가 되길 바란다.

이 책이 출간되기까지 물심양면으로 후원해 주신 한님성서연구소 조병우 이사장님, 면밀히 마지막 교정을 도와주신 소장 정태현 신부님, 격려를 아끼지 않으신 분도출판사 사장 선지훈 신부님, 우리말 표현을 여러 번 교정해 주신 한님성서연구소 연구원 강지숙 선생님, 그리고 이 편집을 위해 컴퓨터의 기술적 보완에 애써 주신 한택종 선생님에게 진심으로 감사를 드린다. 끝으로 프랑스와 한국에서 이

작업을 성원하고 고되게 희생하신 나의 가족·친지들에게 정성 어
린 사의를 표하는 바다.

2005년 6월, 의정부에서
이수민

영지주의와 뉴에이지 운동

정태현

몇 년 전에 리옹의 교구장으로 봉직하다 별세한 드 꾸르뜨레 추기경은 뉴에이지 운동과 관련하여 이런 말을 남겼다. "나는 리옹의 제2대 주교 이레네우스 성인이 천팔백 년 전에 영지주의를 상대로 맹렬한 싸움을 벌였을 때, 적어도 서양에서 그리스도교 신앙이 오늘날 대면하고 있는 가장 무서운 오류와 맞서 싸웠던 것이라고 확신한다." 신영성운동 또는 좀 더 신중하게 신흥영성운동이라 불리는 뉴에이지 운동은 오늘날 우리 사회 안에서도 음악·영화·문학·미술·연극 등의 예술 분야, 인생관·세계관·역사관 등 사상 분야, 초능력 개발·기체험·요가·단학 등 정신 건강과 수련 분야, 자연 숭배·범신론·어머니 지구 보호·그린피스 등 환경 분야, 전생·환생·윤회·영매·채널링 등 영적 교감 분야들에 전방위적으로 나타나고 있다. 더구나 뉴에이지 운동은 신문, 방송, 인터넷 등 대중 매체를 이용하여 그 영향력을 급속도로 확산하는 추세다.

이런 뉴에이지 운동의 최대 피해자는 아마도 그리스도교 신자들, 그 중에서도 타종교나 다른 사조에 비교적 넓은 아량과 관용을 보이는 가톨릭 신자들일 것이다. 게다가 가톨릭 신자들은 개신교 신자들에 비해 성서에 대한 지식과 확고한 구원관에서 다소 뒤처지는 경향을 보이기 때문에 이런 사조 앞에서 영적·정신적 무장이 덜 되어 있다. 이를 감안하여 교황청 문화평의회와 종교간대화평의회는 2003년에 『생명수를 지니신 예수 그리스도, '뉴에이지'에 관한 그리스도교적 성찰』(한국천주교중앙협의회 2004: 이하 『생명수』)이라는 연구 문헌을 내놓음으로써 가톨릭 신자들이 뉴에이지 사상의 근본 원리들을 바로 알고 이 운동에 적절하게 대처해 나가도록 하였다. 이 문헌을 비롯하여 뉴에이지 운동을 비판하는 저술들은 뉴에이지 사고의 중심 뿌리를 가까이는 18~9세기 유럽 지성계에서 유행하던 밀교적 신지학Theosophy 전통으로, 멀리는 초기 그리스도교의 가장 강력한 이단이었던 영지주의로 본다.

신지학 전통은 1875년 러시아 영매 헬레나 페트로브나 블라밧츠키 여사가 헨리 올코트 대령과 함께 뉴욕에서 '기적 클럽'이라는 신지회Theosophic Society를 창립하면서 그 실체를 드러냈다. 교황청 문헌 『생명수』(63)에 따르면 신지회에는 세 가지 목적이 있다.

1) 인종·신조·계급·피부색의 구분 없이 인류의 보편적 형제애의 핵심 그룹을 형성한다.

2) 비교 종교학·철학·과학 연구를 장려한다.

3) 밝혀지지 않은 자연 법칙들과 인간의 숨은 잠재력을 연구한다.

신지학은 1950년대 말 영국에서 현대의 새로운 사상적 흐름을 받아들여 다시 부흥한다. 한때 인도의 한 아쉬람에서 초월명상에 심취

하다가 예수를 알게 되어 성 요셉 가정수도회 소속 사제가 된 베를린데J.-M. Verlinde는,「뉴에이지의 숨은 뿌리들」이라는 소고에서 새롭게 단장한 신지회가 네 가지 원리를 중심으로 세계적 조직망을 갖추게 되었다고 지적한다.

1) 우주를 보는 관념이 전체론적holistic · 일원론적monistic 또는 유일론적unitary이다. 따라서 인간은 본성적 · 자연적으로 신적 존재이다.

2) 윤리나 종교 영역에서 모든 것은 상대적이다.

3) 현재의 삶 이후의 삶에 대한 입장은 환생reincarnation이라는 말로 잘 표현된다.

4) 기본적으로 낙관적인 천년왕국에 대한 믿음이 있다.

그러나 이 네 가지 원리는 저마다 그리스도교의 기본 교의와 실천, 곧 인격신인 창조주 하느님과 피조물의 엄격한 구분, 혼합주의와 상대주의에 맞서 지켜온 유다-그리스도교의 고유성, 삶의 일회적 여정을 주장하는 그리스도교의 인생관, 아직 완성은 안 되었지만 예수 그리스도의 강생으로 이미 시작된 그리스도교의 보편적 종말관에 정면으로 충돌한다.

신지회 전통이 추구하는 최종 목표는 그노시스(인식認識, 영지靈知)이다. "인간은 영적인 변화의 여정을 통하여 우주와 신, 자아의 신비에 들어설 수 있다. 최종 목표는 가장 높은 형태의 지식이자 구원과 동의어인 그노시스로서, 이는 … 단계적인 입교 과정을 통하여 스승에게서 제자에게 비밀리에 전수된다"(『생명수』 63). 영지주의와 뉴에이지의 관련성과 위험성은 일찍이 전 교황 요한 바오로 2세가 정확하게 지적한 바 있다. 요한 바오로 2세는 뉴에이지를 가장하여 고대 영지주의 사상으로 복귀하는 것을 경고하였다. "우리는 이것(뉴에이지 운동)으로 종교의 쇄신이 이루어질 것이라고 착각해서는 안 된다. 이는 단순히 영지주의를 실천하는 새로운 방식으로, 이러한 정신 자세는 하느님을 깊이 알고자 한다는 미명 아래 하느님의 말씀을 왜곡하고 그 말씀을 순전히 인간의 말로 바꾸는 결과를 가져온다. 영지주의는 결코 그리스도교의 영역을 포기한 적이 없다. 오히려 영지주의는 언제나 그리스도교와 나란히 존재해 왔으며, 때로는 철학적 운동의 형태를 띠기도 하지만, 흔히는 분명히 종교나 유사 종교의 특징을 띠며, 이러한 특징은 명시적이진 않다 하더라도 그리스도교의 본질과 분명히 상충되는 것이다"(『희망의 문턱을 넘어』 1994, 90).

요한 바오로 2세가 지적한 대로 영지주의는 언제나 그리스도교의 토양 안에서 자라고 그곳에 머물러 있었다. 영지주의는 본격적으로는 2~3세기 로마 제국 안에서 인식의 개념을 중심으로 발달한 사상 및 영성 운동이지만, 그 기원은 신약성서의 동시대까지 올라간다. 특히 루가 복음과 요한 복음의 저자는 영지주의의 뿌리인 가현주의假現主義(docétisme)와 정면으로 맞섰다. 주로 지식인 계층의 이방인들과 특권주의적 교리를 찾는 교회 내의 엘리트들을 중심으로 번지기 시작한 영지주의는 자신이 누구인지, 자신의 고유한 근원을 찾으려는 데에 그 사색의 동기를 둔다(2세기 영지주의 스승 테오도토스의 말).

테오도토스의 주장은 전 세계적으로 몇백만 부가 팔려나가고 우리말로도 번역되어 베스트셀러가 된 댄 브라운의 뉴에이지 소설 『다빈치 코드』의 한 대목에서 명백하게 확인된다. "예언의 관점에서 보면, 우리는 현재 커다란 변혁의 시대에 살고 있네. 최근에 천 년이 지나갔고, 그걸로 이천 년에 걸친 물고기자리의 시대는 끝이 났어요. 물고기는 예수를 상징하는 것이기도 하지. 물고기자리의 이상은

'인간은 더 높은 힘을 가진 사람에 의해서 무엇을 해야 할 것인가를 지시받아야 하는 존재'라고 믿는 것이오. 그래서 지난 이천 년은 강렬한 종교의 시대였지. 하지만 이제 우리는 물병자리에 들어서고 있어요. 물을 가진 자라는 뜻이지. 물병자리의 이상은 '인간이 진실을 배울 수 있고, 스스로 생각할 수 있는 존재'라고 주장하는 것이오. 이 같은 이념의 변동은 엄청난 것이고, 지금 일어나고 있는 중이라오"(『다빈치 코드』 2, 49).

영지주의와 뉴에이지 운동의 유사점은 무수히 많다. 어떤 의미에서 뉴에이지 운동은 고대의 영지주의로부터 끊임없이 영감을 받고 있다고 말할 수 있다. 대표적인 유사점만 몇 가지 제시한다.

1) 두 운동 다 그 실체를 파악하기 어렵다. 둘 다 뚜렷한 조직과 체계를 갖추어 드러나지 않을 뿐 아니라, 그 주장이나 교리가 매우 복잡하고 유동적이며 비교秘敎적 또는 비의秘儀적이기 때문이다.

그러면서도 그리스도교의 정통 교리와 충돌하는 몇 가지 공통된 요소들이 있다. 열거하면:

2) 구약의 하느님을 부정하거나 비하한다. 영지주의의 복잡한 신화에 따르면 세상은 데미우르고스라는 불완전한 신, 악한 신에 의해서 창조되었고 그 안에서 인간 영혼은 육체라는 감옥에서 찌들고 숨막힌 채 온갖 고통을 당하며 살고 있다. 영지주의자들은 이 데미우르고스를 구약의 하느님과 동일시한다. 이 데미우르고스와는 대조적으로 "알려지지 않은 신"(사도 17,23)이 자신의 아들을 보내어 인간을 구원하고자 한다. 영지주의자들은 이 신을 신약성서에서 전하는 '아버지 하느님'으로, 그분이 보낸 아들을 예수 그리스도로 받아들인다. 뉴에이지 운동에서는 '거의 인간 이하'[올더스 헉슬리(1894~1963)의

표현]의 신인 구약의 하느님을 전면 부정하고, 그리스도교의 인격신 대신 우주의 생명력인 비인격적인 에너지를 신으로 내세운다. 이 비인격적 에너지를 영지주의자들이 말하는 "알려지지 않은 신"과 동일시할 수 있을 것이다.

3) 절대자로부터의 계시보다 인간 스스로의 깨달음 또는 인식을 더 중요시한다. 영지주의에서 구원은 자기 자신을 발견하고 과거와 현재의 나를 인식하며 자신의 고유한 운명을 의식하는 것 자체이다(나그 함마디 영지주의 문헌 『진리의 선언』). 영지주의자들에 따르면, 인간은 세 가지 요소, 곧 육체·영혼·영으로 되어 있는데, 이 셋 가운데 오로지 영만이 구원받을 자격이 있다. 육체는 세상에 버려지고 영혼은 인식gnosis을 획득한 다음 환생reincarnation을 통해 충만pleroma으로 들어간다. 인식에 도달하지 못한 영혼은 세상 종말까지 다른 육체들 속에서 윤회한다. 뉴에이지에서는 모든 종교와 문화보다 앞서며 우위에 있는 '영원한 지식'을 믿는다. 인간은 심리·육체적 수련을 통해서 스스로 깨달음을 얻을 수 있고 이 깨달음을 통하여 우주적 신성 또는 거대한 에너지와 일체가 된다. 이 깨달음을 얻을 때까지 인간은 끊임없이 환생한다.

4) 인격적이고 개별적인 역사의 예수를 부정하고 예수의 수난과 십자가 죽음을 부인하거나 엉뚱하게 해석한다. 영지주의에서 그리스도는 상계의 좋은 신 '아버지 하느님' 곁으로 영혼을 인도할 사명을 띠고 그 신에게서 파견된 맏아들이다. 그의 이름은 '지성'이며 육체의 감옥에 갇혀 있는 영혼들에게 인식을 준다. 인식을 찾은 영혼은 천상 고향으로 돌아갈 준비를 하는데, 지상에서 하늘까지의 여정에는 무수한 아르콘들(데미우르고스의 아들들인 악한 천사들)이 영혼의 상승

을 방해한다. 이 장애물들을 극복하기 위해 영혼은 구세주가 계시한
모든 지식을 터득해야 한다. 영지주의 문헌에서 이 구세주 그리스도
는 예수다. 그러나 이 예수는 그리스도교에서 선포하는 나자렛 예수
와는 다르다. 영지주의의 그리스도는 인간의 형상을 취하여 세상에
나타났을 뿐(假現主義) 육화될 수도 없고 십자가의 고난도 당할 수 없
으며 죽을 수도 없다. 이런 일들은 신의 본성과 모순되기 때문이다.
뉴에이지는 우주의 에너지와 합일하기 위해 어떤 인격신의 도움도
거부하지만, 깨달음을 얻은 스승의 도움은 받아들인다. 뉴에이지에
서 그리스도는 자신의 신성을 인식하고 보편적 스승의 단계에 올라
선 사람에게 주어지는 일반 호칭으로서 나자렛 예수는 여러 그리스
도들 가운데 한 분일 따름이다.

5) 성서 정경보다 영지주의 색채를 띤 외경 또는 위경을 더 중요
시한다. 1945년 상이집트 나그 함마디의 한 동굴 속에서 발견된 쉰
두 편의 콥트어 논고는 영지주의의 교리와 사상을 드러낸다. 나그
함마디 사본은 예수와 예수 주변의 인물들을 무대 위에 세우고 세상
과 신과 인간의 문제를 폭넓게 다룬다. 이 문헌들이 말하는 영지주
의 교리에 따르면, 세상은 악 자체이고 인간은 이 악한 세상에서 이
탈해야 하며, 그리스도는 "알려지지 않은 신"이 보낸 사자이다. 뉴
에이지는 영지주의 문헌들을 성서 정경에서는 발견되지 않는 예수
생애의 여러 측면들을 알려 주는 참된 출처로 간주하여 온갖 신화와
소설을 만들어 낸다. 그 대표적인 작품이 앞에서 인용한 댄 브라운
의 소설 『다빈치 코드』다.

6) 영지주의 사상은 정반대의 극을 통해 기능을 발휘한다. 하극에
는 부정적 속성이, 상극에는 긍정적 속성이 자리 잡는다. 그것은 무

지와 인식의 대립이다. 영혼은 동정이면서 남녀 양성인 채 아버지 신 곁에 매달려 있다가 갑자기 추락하여 모든 불행의 원천인 육체의 감옥에 갇힌다. 영혼 추락의 결과는 천상적 원천에 대한 망각이고 무지이다. 영혼이 인식을 통하여 깨어나 영과 천상적 혼인을 하게 되면 잃었던 양성 겸유를 회복하고 이 양성 겸유의 신비 속에서 '자아'가 '제2의 나'로 되고, '제2의 나'가 '자아'로 된다. 뉴에이지는 유다-그리스도교의 유산인 남성우월과 가부장제에 맞서 양성 겸유, 양극의 조화, 여성적인 것의 존중을 표방하고 나선다. 무지개와 음양은 뉴에이지의 상징이며 인간은 남성적 요소와 여성적 요소를 함께 갖추고 있어서 이를 함께 발전시켜 나갈수록 인간 관계의 조화를 더욱 완전하게 이룰 수 있다. 문제는 이 양극성을 모든 분야에 적용하여 혼합fusion을 추구하고 이 혼합이 혼동confusion으로 귀결된다는 데에 있다. 이 혼합과 혼동의 원리를 종교에 적용하여 뉴에이지는 각 종교에서 마음에 드는 요소만을 골라 인위적으로 범세계적인 이상적인 종교 형태를 지향한다. 이는 그리스도교를 비롯하여 기존의 종교들이 갖는 고유성과 절대성을 부정하는 것이다.

두 운동의 이 같은 유사점들은 한편으로 우리가 전해 받은 그리스도교의 고유성과 참신성을 분명히 밝혀 주는 긍정적 구실을 한다. 뉴에이지(그리고 '우리'에서 '나'로 건너가는 넥스트 에이지)의 거센 물결이 잠잠해지면 또 다른 이름으로 비슷한 유사종교나 영성운동이 영지주의의 옛 신화와 교리를 이용하여 출몰할 것이다. 이에 대비하기 위해서라도 영지주의가 무엇인지 그 실체를 정확하게 알아야 하겠다. 아울러 성서의 정경과 외경에 대한 공부도 게을리해서는 안 되겠다. 구약의 하느님, 곧 아브라함의 하느님 · 이사악의 하느님 · 야곱의 하느님이야말로 예수 그리스도께서 선포하신 신약의 하느님과 동일하신 분임을 인정하면서(참조: 마태 22,32; 마르 12,26-27; 루가 20,37-38) '약속과 성취'라는 구약과 신약의 상호 조화와 의존관계를 분명히 알아야겠다.

이 책 『영지주의자들』과 자매 작품 『마니교』(분도출판사 2005)는 한국의 그리스도교가 뉴에이지라는 신흥영성운동으로 위기를 맞고 있는 상황에서 시의 적절하게 출간된 역작이다. 편역자 이수민 박사는 영지주의와 마니교를 비롯하여 콥트 교회와 시리아 교회의 세계적 전문가다. 교정 과정에서 불어판 원문의 난해한 내용과 생소한 표현을 대하면서 편역자의 노고에 감사하는 마음을 갖지 않을 수 없었다. 이 두 권의 책이 뉴에이지의 허상을 폭로하고 정통 그리스도교 신앙을 보호하는 데 일익을 담당하기를 진심으로 바란다.

II 저자와 원문 | 57

III 전언의 상통과 그 영향권 | 81

입 문

우리는 누구인가?
우리는 무엇이 되었는가?
우리는 어디에 있는가?
우리는 어디로 가는가?
우리는 어디에 버려졌는가?

2세기 영지주의 스승인 테오도토스[1]는 영지주의자靈知主義者(그리스어로 그노스티코스gnostikos: 인식하는 사람)[2]의 행로에 대하여 짧은 구절로 가장 적절하게 요약했다. 곧 자신을 알고, 자신의 고유한 근원들을 찾으려는 데 쏟는 관심이 모든 영지주의적 사색의 동기라는 것이다.

세상은 악의 세력들이 빚어낸 함정이다. 영지주의자만이, 내면 가장 깊은 곳에 숨어 있는 인식 ─ 그리스어로 그노시스gnosis ─ 의 불꽃[3]▶ 덕분에 그 함정에서 빠져나올 수 있다. 그러나 그노시스란 모

---

[1] 발렌티누스(Valentinus)의 학원은 가장 크고 세력이 강한 영지주의 학파였는데, 그의 이름난 네 제자(Ptolemaios; Heracleon; Theodotos; Marcus) 가운데 테오도토스는 동방 학원을 세웠고, 그의 저서는 알렉산드리아의 클레멘스가 발췌한 원문만 남아 있다. 그 원문은 발렌티누스파 영지 사상을 연구하는 데 중요한 자료를 제공한다.

[2] 그리스어 gnostikos를 "지식을 갖춘 사람"으로 번역할 수 있으나, 통용되는 '영지주의자'가 문맥에 가장 적합할 듯하다. 그들의 사색은 영적(spirituel)이며, 구원에 도달하는 영적·종교적 인식 방법이 더 큰 역할을 하기 때문에 영지주의자들이 말하는 gnosis-connaissance를 지식(知識)이 아니라 인식(認識)으로 번역한다.

든 사람에게 주어지는 것이 아니다. 그것은 선택된 자들에게만 예정된 신적 선물이며, 그를 통해 하느님과의 일치가 가능하거나 그노시스를 더 잘 포착할 수 있게 된다.

나그 함마디(NH)에서 발견된 『외방인』*Allogenes*이라는 문헌은 이런 사고방식을 잘 표현한다.

다음 구절은 천사 요엘이 신비예전神秘禮典에 처음 참가한 초보 외방인에게 한 계시啓示다.

> 요엘이 나에게 말했다. "오 외방인이여, 아무도 이 같은 화제話題를 들을 수 없으나, 너는 만물의 아버지로부터 큰 '권능(의 옷)을 입어,[4] 식별하기 어려운 것을 식별할 수 있고 대부분이 이해할 수 없는 것을 이해할 수 있으며 너에게 속한 그분에게 올라갈 수 있게 되었다"
> (NH XI,3,50,21-34).[5]

계시의 내용과 인식에 참여함으로써 신비예전에 참가한 초입자는 신적 존재로 변화된다.

---

[3] 불꽃(étincelle)은 불티 또는 반짝이는 불씨로 번역할 수 있다. 이 개념은 유다인들의 구원의 신비론, 카발라에서도 중요한 역할을 한다. 유다인들의 신비 사상도 영지주의와 같이 세상에 대한 비관에서 시작하지만, 세상을 긍정하면서 구원의 희망을 찾은 것이 영지주의와 다른 점이다.

[4] "권능(의 옷)을 입다"[着服] 또는 "빛(의 옷)을 입다". 괄호 속에 삽입한 "의 옷"은 이해를 돕기 위해 역자가 삽입한 부분이다. 동방, 특히 시리아 문헌에서 흔히 볼 수 있는 구상적(具象的) 표현으로, 원죄 이전의 아담의 상태를 "빛(의 옷)을 입었다"라고 표현한다. "권능"은 천사나 천상의 실체들을, "옷"이나 "착복"은 인간의 피부를 상징하기도 한다.

[5] XI은 이집트 나그 함마디(NH)에서 발견한 필사본 열세 권 가운데 제11권을 가리키며, 아라비아 숫자 3은 제11권에 있는 네 논고 중 제3논고를 말한다. 그 다음 50은 쪽, 21-34는 행을 가리킨다.

주위에 있는 빛과 내 안에 있는 선을 관조觀照하여 나는 나 자신에게
돌아왔고, 나는 신이 되었다(NH XI,3,52,10-12).

그 당시 영지주의가 교회 당국의 눈에 거슬리고 오만스럽게 보였던
것도 당연하다. 그리스도교는 만민을 위한 종교로서, 복음의 공적
설교에서는 만민을 구원의 대상으로 제안했기 때문이다. 그러나 영
지주의는 선택된 자들에게만 국한된다. 선택에 의해 영지주의자가
되는 것이 아니라, 처음부터 영지주의자로 태어난 것이다. 적어도
이론상으로는 영지주의로 개종한다는 말은 존재하지 않는다.

교부들은 예수의 감추어진 말씀의 유일한 상속자로 자처하는 이
신학자들에게 답변하기 위해 골몰했다.

영지주의자들은 자신들만이 신비 전통을 보존하는 유일한 존재임
을 확신하고, 인간·우주·신의 관계를 논한 방대한 작품을 창작했
다. 창조론의 각본에는 복잡하고 유혹적인 신화가 등장한다. 창세기
의 이야기에 아연실색할 해석을 덧붙여, 구약의 신은 정의의 신이
아니라 기만의 신이라고 말한다. 그 이유는 그 신이 인간을 운명이
라는 무거운 쇠사슬에 얽어매어, 인간이 자신의 신적 기원을 잊어버
리게 하였기 때문이라고 한다. 참된 신은 우주 창조와는 아무 관계
도 없으며, 그분은 빛의 심연 속에서 고독을 지키고 있다.

창조와 이 세상에 대한 경멸로 영지주의자들은 초연주의적 윤리
관을 받아들여야만 했다. 그 가운데서도 혼인과 출산의 거부가 가장
심각한 일면이다. 그러나 이 사상을 극단으로 몰고 갈 수 없었던 데
는 영지주의 신앙 공동체가 몇 세대 뒤에는 사라질 위험이 있었기
때문이다. 여기에 개종 권유 사상prosélytisme과 선택된 자로서의 의식

간에 미묘한 도박이 전개된다.

영지주의 공동체는 교회와 국가의 변두리에 놓여 있었다. 그들은 이 양쪽에서 박해를 받아 거의 소멸 상태에 이른다. 그러나 영지주의의 본질은 추적하기 어려운 지하도를 통하여 명맥을 이어 와, 오늘에 와서도, 영지주의 작가들의 절대성에 대한 열망과 궁극적 인식을 포착하려는 욕망 등은 여전히 의미와 가치를 지닌다.

✲

필자는 독자들에게 영지주의자들이 남긴 문헌들을 통해 그들을 소개하려고 한다. 그래서 그들이 쓴 원문, 특히 근래에 이집트 나그 함마디에서 발견된 문헌을 자주 인용하여 영지주의 교리의 윤곽을 그려 나갈 것이다(제2장, 제3장, 제4장).

영지주의 운동을 고대를 종결하는 사상사 가운데 일면으로 소개하는 정도로는 이에 대한 설명이 충분하지 않으며, 더 필요하다면 그 시대의 삶의 자리로 되돌이켜 생각해 보아야 할 것이다. 영지주의자들에 관한 역사·사회적 정보 자료가 턱없이 부족하여 이 과제를 풀어가기가 어렵지만 신명나는 일이기도 하다(제5장).

영지주의자들의 문헌과 교부들의 반박서·호교론을 대조하는 일은 조심스럽게 다루어야 한다. 왜냐하면 교부들의 반박론에는 참 정보 외에 거짓 정보도 있기 때문이다. 그러나 전반적으로, 교부들의 호교론은 유용한 정보를 담고 있으니 이들을 소개하고자 한다.

영지주의는 "천두千頭에 속한 운동" — 호교론자 에피파니우스의 표현 — 으로 그 복잡한 사상 체계를 명확히 분간하기 어렵다. 필자

는 결코 완전성을 자처하기보다 개인 연구를 바탕으로 영지주의자
들의 몇 가지 측면을 우선적으로 선택하였을 뿐이다.

독자들이 조금이나마 영지주의자들에게 관심을 기울이고, 좀 더
자세히 알고자 하는 마음이 생겼으면 하는 바람에서 이 글을 쓴다.

요 점

영지주의란 무엇인가?

　영지주의는 2세기와 3세기에 걸쳐 로마 제국에서 인식認識의 개념을 중심으로 발달한 사상운동이다.

　영지 사상은 인식의 개념을 중심으로 공통점을 찾는 사고의 보편적 경향을 일컫는다. 마니교, 만데아교, 카발라 신비론 등도 영지 사상의 한 형태라고 볼 수 있다.

　영지주의란 낱말은 구체적인 역사적 속성을 띠고 있지만 영지gnosis란 낱말에는 그런 속성이 없다. 이 개념은 1966년 우고 비앙키Ugo Bianchi가 주최한 메시나Messina의 영지주의 학회에서 학자들이 구상해 냈다.[6]

---

[6] U. Bianchi, *Le origini dello gnosticisme*, Leiden 1967; 이 정의에 대한 재토론: R. McL. Wilson, Gnosis and Gnosticisme: the Messina Definition, *Agathé Elpis; Studi storici in onore di Ugo Bianchi*, éd. G. Spameni Gasparro, Rome 1994, 539-51.

*샤를 퓌에쉬의 『영지 사상의 현상론』에 따르면:

"영지는 인식을 의미한다. 더 구체적으로 말하면 영지를 발판으로 하는 종교 체계 속에서는 영지 사상 그 자체가 구원이며, 구원을 마련해 준다. 해방하는 학문, 구원하는 학문, 그 자체로 구원하는 앎이다. 그래서 영지주의나 영지 사상은 인식을 통해서 구원을 받는 이론과 체험을 발판으로 하는 모든 교리와 모든 종교적 태도를 의미한다. 이렇게 정의를 내리는 것이 사실이고 편리하기는 해도 너무 추상적이고 불충분하다. 여기서 말하는 인식이 어떤 인식을 의미하는지, 주어진 것인지 아니면 계시된 것인지, 이성적인지 신비적인지, 논증적인지 직관적인지는 자세히 설명하지 않는다. 인식이 무엇으로 말미암아 무엇 때문에, 어떻게 주어지고 어떻게 그 소유자를 구원하게 되는지도 밝히지 않는다. 그러나 영지주의적 태도는, 역사 속에 노출된 많고 다양한 영지 사상의 모습들 가운데 때로는 다행히도 서로가 독립된 정보 속에, 독특한 종교성을 띠면서 항상 일관성 있고 변함없는 모습으로 나타난다. 이와 같이 일반적으로 영지 사상은 종교사의 다른 영역들과 같이 특별한 현상으로 보아야 한다".[7]

---

[7] 샤를 퓌에쉬(Charles Puech)가 1952~1953년에 Collège de France에서 강연한 『영지 사상의 현상론』에서 발췌했다: H.-Ch. Puech, *En quête de la gnose I*, Paris: Gallimard 1978, 186-213.

원천 문헌들

우리는 영지주의자들을 두 가지 문헌을 통해서 알 수 있다. 첫째는 영지주의 적대자들이 집필한 문헌들이고, 둘째는 영지주의자들이 집필한 원문들이다. 둘째 문헌들은 고고학 발굴을 통해서나 동방 상인들이 우연히 필사본을 구입하면서 우리에게 전달된 것이다.

1. 간접 원천 문헌(영지주의와 교부들)

영지주의자들에 대한 최초의 기록은 신약성서에서 찾아볼 수 있다.

사도행전(8,9-24)은 시몬이라는 한 마술사가 사마리아인들에게 설교하면서 자기가 "신의 위대한 권능"이라고 자칭한 사실을 기록하고 있다. 사도행전이 이 사람을 영지주의자라고 부르지는 않지만, 그의 마술 행위의 위험성은 내비친다. 반이단론 교부들은 시몬이 영지 사상 조류의 최초의 대표자이며 영지주의 종파 개화開花의 시발점이라고 평한다.

요한 묵시록(2,6.15)에서는 사도들에게 권한을 받았으나 정도正道에서 벗어난 니골라오 부제를 두고 엄한 어조로 이야기한다. 교부들은 니골라오를 한 영지주의 종파의 우두머리로 본다(사도 6,5 참조).

디모테오 전서(6,20)는 자칭 영지 사상가들의 위험과, 그들이 그리스도교의 내부에 분파를 조성하는 원천이라고 경고한다.

2세기 말부터 영지주의자들에 대한 교회의 반응은 문필을 통한 반박이었다. 학자들이 쓴 저서들은 주로 적대적이거나 항상 도전적이다. 교부들은 영지주의가 그리스도교 신앙을 그릇되게 해석한 사상이라고 판단했다. 그들은 신학자로서, 영혼의 목자로서 영지주의 교리를 반박하는 데 온갖 세심한 노력을 다 기울였다. 영지주의자들을 다룬 교부들의 문헌에는 귀중한 자료들이 풍부하다. 최근의 고고학 발굴로 일차 문헌 — 영지주의자들이 쓴 원문 — 이 나오기까지, 교부들의 기록이 유일한 연구 자료였던 것이다.

영지주의자들은 스스로 "참된 그리스도교 신자"라 자칭하며, 그리스도가 선발한 몇 명의 우수한 제자들만이 우월한 지식을 상속받아 보존하고 있다고 자처한다. 이 특권 의식이 교부들로 하여금 격렬한 투쟁을 불러일으키게 했다. 결국 그들의 자만 때문에 베드로 교회가 세운 전통과 얽히게 된 것이다. 교회와 그리스도교화한 로마 제국은 제국의 모든 지역에 퍼져 있는 영지주의 공동체를 박해하였고, 그들의 책을 없애고 개종하지 않는 신도들은 사형에 처했다.

주요 논박서들

반영지주의의 대표적 논박서로 삼대 작품을 들 수 있는데, 그 작품의 저자들이 삼 세기를 구분짓는다. 곧 2세기 리옹의 이레네우스, 3세기 로마의 히폴리투스, 4세기 콘스탄티아/살라미스의 주교 에피파니우스다. 이 세 인물이 알고 있는 공통의 적은 영지주의자였다.

① 리옹의 이레네우스(130년경~208년)

이레네우스는 2세기 전반에 소아시아 스미르나에서 태어나 177년 경 리옹의 주교가 되었다. 리옹에 가기 전에 로마에 머물면서, 그곳에서 교리를 설교하던 영지주의 선생들을 만났다.

그는 180~185년에 영지주의를 반박한 불멸의 작품, 『위명僞名을 가진 영지 사상에 대한 고발과 논변』을 그리스어로 집필했다. 원본은 분실되고 라틴어 번역이 보존되어 있다. 아르메니아어 번역이 있으나 단편들로 전해진다.

이레네우스는 무엇보다 주교로서, 리옹의 자기 공동체를 구하고 교회를 일치시키기 위해 골몰했다. 그는 서방에도 동방에서와 같이 영지주의 공동체들이 급격히 늘고 있음을 인식하고 논고를 쓰기 시작했다. 그의 의도는 론Rhône 계곡에까지 침투한 이 교리를 방어할 수단을 제공하기 위해서다. 저서 제목이 지적하듯이 이레네우스는 이중의 목적을 가졌다. 곧 영지주의 저술가들과 그들의 이론을 '고발'하고 이어서 그들의 종교적 이상을 비판적으로 '논변'論辯한다. 리옹의 주교는 언제나 성서에 의존하면서 구약과 신약의 뜻 깊은 조화를 이룬다. 영지주의자들은 이 상호 관계를 거부한다. 그들은 구약성서 안에서 악신이 한 일을 보고 신약성서 안에서는 선善과 빛(光)의 하느님의 말씀을 본다.

이레네우스는 자기 시대에 살던 중추적 영지 사상가들을 하나씩 살펴본다. 곧 프톨레메우스, 발렌티누스, 점성가 마르쿠스다. 이 마지막 인물이 리옹 지방에서 개종자들을 포섭한 사람이다. 주교는 또한 영지 사상의 기원을 추적하여, 1세기의 비非저술가 영지주의자들인 마술사 시몬, 메난드로스, 사투르니누스 등을 영지주의의 원조들로 열거한다. 그리고 나서 주교는 대가들을 자랑스러워하는 영지주의 종파들과 공동체들의 면모를 묘사한다. 종파의 이름은 학설 창설자의 이름을 따서 부르거나(발렌티누스에서 발렌티누스파Valentiniens, 점성가 마르쿠스에서 마르쿠스파Marcosiens 등), 종파들이 찬양하는 신화적 실체에서 이름(바르벨로에서 바르벨로파Barbéliotes, 오피스 — 그리스어로 뱀ophis — 에서 오피스파Ophites)을 따왔지만 인위적 창작이 대부분이다. 교부들이 이 이단적 공동체들에게 괴상하고 야릇한 이름을 모두 지어 붙인 것을 보면, 거기에 그들을 경멸하는 뜻이 있음을 분명히 알 수 있다.

② 로마의 히폴리투스(170년경~235년)

3세기 초에 한 익명의 저자가 『모든 이단자에 대한 논박서』를 썼는데, 이 저자를 로마 교회의 한 사제로서 반反교황 사상을 가진 사람들 가운데 하나로 보는 전문가들도 있다. 이 저서는 그릇된 교리 목록서로 모두 10권으로 편찬되었으나, 그 중 7권만 남아 있다. 서른세 종류의 이단 가운데 서른 가지가 영지주의에 속한다.

이레네우스가 쓴 『반이단서』는 영지주의자들이 성서를 잘못 해석하였음을 강조하며, 그들의 신화적 해석이 잘못된 해석의 결정적 요인이라고 언급한다. 이와 달리 히폴리투스는 영지주의자들이 끊임없이 그리스의 지혜에 의존한다고 주장한다(영지 사상에 관한 역사 기록은 오늘날까지도 이 두 입장을 되풀이하고 있다). 그의 작품에 나타나는 중심 내용은 영지주의 교리dogma가 "해로운" 그리스 철학, 신비 종교와 점성학에서 영향을 받았다는 것이다. 히폴리투스는 그리스 철학과 영지주의 교사들 사이의 친척 관계를 입증하기 위해 전력을 다한다. 마술사 시몬(1세기)의 말을 헤라클리투스(기원전 6세기)에 비추어 설명한다든가, 바실리데스(2세기)의 글을 아리스토텔레스(기원전 385~322)에 비추어 설명하는 것 등이다. 영지주의 사상이 그리스 철학에 의존한 것은 사실이지만, 히폴리투스가 주장한 관계들은 인위적인 경우가 많다. 그리스도교의 영향에 대해서는 아무 언급도 없고, 그들을 "이교인들"이나 "무신론자들"로 단정짓는다. 이레네우스처럼 사목신학적 내용은 풍부하지 않으나, 히폴리투스가 발췌문들을 자주 인용한 덕분에 손실될 뻔한 많은 영지주의 작품들이 우리에게 전해졌고 이러한 그의 업적은 부인할 수 없다.

③ 살라미스의 에피파니우스(315년경~403년)[8]

히폴리투스는 『논박서』에서 서른 종류의 영지주의 이단자들의 현황을 밝혔다. 한 세기 뒤에 에피파니우스는 『파나리온』*Panarion*[9]이라는 작품에서 여든 종류나 되는 이단자들에 대해서 열거한다. 이 숫자는 상징적이다. 구약성서의 아가서 6장 8절에는 여든 명의 첩들이 등장하는데 그 중에 한 신부만이 신랑의 총애를 받는다. 이와 마찬가지로 에피파니우스는 여든 종류의 그릇된 교리를 상반되는 유일한 진리와 비교한다.

에피파니우스는 영지주의 이단들을 뱀들에 비유한다. 그래서 작품 제목이 그리스어로 '파나리온'이고, 그 뜻은 의사들이 들고 다니

---

[8] 살라미스는 키프로스 섬의 수도였다. 에피파니우스가 그곳 주교로 선출된 것은 367년이다. 에피파니우스는 유다 지방 엘레우테로폴리스(지금의 Beth Gouvrin)에서 태어나, 20세쯤에 이집트로 가 잠깐 수도자들과 생활한 다음, 고향에 돌아와 수도원을 세우고 30여 년간 수도원을 이끌었다. 히에로니무스에 따르면 그는 그리스어, 시리아어, 히브리어, 콥트어에 능했고 라틴어도 조금 했다고 한다.

[9] *Panarion*은 그리스어로 '약상자'를 의미한다.

는 구급함 또는 약상자를 가리킨다. 통 속에 든 약은 뱀에게 물렸을 때 치료하는 해독제로 영지주의자들의 교설을 막기 위해서다.

에피파니우스는 최고의 풍자 작가로 그의 표현은 날카롭다. 그는 적대자들의 학설을 비방하기 위해서라면 어떤 문체라도 구사할 수 있었다. 그는 적대자들의 학설을 일반적으로 "어리석다"거나 "광신" 또는 "기만"이라고 표현하고, 심하게는 "악마의 저작"이라고도 했다. 에피파니우스는 영지주의자들의 의견을 공격하지만 무엇보다 먼저 그들의 관습을 비난한다. 살라미스의 주교는 민속학자의 기풍을 풍긴다. 저서 『파나리온』은 그가 이집트로 여행하는 도중에 만난 영지주의자들의 종교적 실천과 관습에 대해서 다양하게 평가하고 있다. 그는 가지각색의 작은 무리들을 비판하고, 여러 도시에서 그들을 추방하기도 했다. 에피파니우스가 사용한 논전 무기는 종교적 다수가 소수에게 사용한 무기였고, 옛날 이교인 학자들이 원시 그리스도교 신자들에게 한 전통적 고발을 그대로 반복했다. 곧 성적 방종, 식인 풍습 등을 예로 들 수 있다.

영지주의의 직접 원천 문헌에서 확인되지 않은 교부들의 진술에 대해서는 신빙성 여부를 두고 의문에 부칠 수 있다. 곧 성적으로 문란한 영지주의자들이 있었다고 하지만 이들의 영성적 동기에 대해서는 반드시 특별히 연구되어야 할 것이다.

모호한 분위기를 그려 내는 에피파니우스의 경향은 특히 주목할 만하다. 놀라운 격노의 외침으로 모든 서술을 시작하며, 방탕·폭력·타락 등이 기묘하게 얽힌 장면은 곧잘 긴 이야기로 풀어간다. 에피파니우스는 소란스런 작가로, 승전하는 4세기 교회에 아무 위협도 주지 않는 공동체들을 사정없이 공격한다. 그러나 그의 필적은 큰 흥밋거리로 남아 있다. 그가 영지주의 선전 문헌에서 많은 문구를 발췌하여 인용하였기 때문이다.

✳

다른 교부들도 몇몇 작품에서 영지주의 비판에 기여한다.

*④ 테르툴리아누스(160년경~220년)

테르툴리아누스는 카르타고의 이교인 변호사로서 그리스도교로 개종하여 영지주의자들을 상대로 대작들을 남겼다. 그는 영지주의자들의 많은 논고들을 읽고, 이레네우스와 히폴리투스와는 달리, 자신의 법률적 수사학을 활용하여 그들을 반박했다. 무엇보다도 『이단자들에 관한 처방』*De praescriptione haereticorum*에서 세세한 점들, 특히 "영혼의 본성", "그리스도의 강생" 등까지 들추어 가며 격렬하고도 극단적인 논설을 전개한다. 그가 잘 알고 있는 발렌티누스파들을, 그리스 철학에서 영양을 섭취한 이단들이라고 단정하고 그들의 이론이 일관성이 없음을 증명했다. 테르툴리아누스는 영지주의자들에 맞서 고대성antiquitas[10]에 근거한 교회 전통이 견고함을 역설하고, 그 품속에서만 거룩한 책들을 해석할 권한이 있다고 주장했다.

---

[10] 유다교 호교론자들도 모세의 전승이 그리스의 가장 오랜 호메로스 전승보다 훨씬 더 오래되었음을 역설하였고, 이로써 유다 전통의 우월성을 역설한 것이다. 테르툴리아누스의 모든 작품 속에 이 논증이 자주 나타난다.

*⑤ 알렉산드리아의 클레멘스(140/150년경~211/215년)

그리스도교는 팔레스티나를 떠나 헬라 문화에 문을 열게 되었다. 2~3세기의 이러한 흐름에 기치旗幟를 들어 앞장선 사람은 클레멘스와 오리게네스로, 둘 다 알렉산드리아 출신이다.

알렉산드리아의 클레멘스의 사상은 그리스도교의 계시와 그리스의 지혜가 서로 조화롭게 융합되어 있다. '거짓 영지' 교사들에게 맞서 싸운 클레멘스는, '참된 영지'의 이론을 발전시켜 그리스도교의 품속에서 꽃피우게 하고 완전한 영성과 공존할 수 있게 했다. 그가 인정한 비의秘儀(ésotérie)적 해석과 그리스도가 특정한 사도들에게 의뢰한 비밀 전통들이 교회 전통 속에 면면히 흐르고 있었다. 그는 많은 영지주의 작품을 인용하고 주해했다. 예를 들어 발렌티누스의 제자 『테오도토스의 발췌』가 그것이다. 우리에게 전해진 많은 저서, 특히 『양탄자』Stromateis는 발렌티누스, 바실리데스, 이시도루스, 카르포크라테스에 대한 정보를 제공해 준다.

알렉산드리아의 오리게네스는 『요한 복음 주해』를 통해 헤라클레온Heracleon이라는 영지주의자에 관해서 세밀하게 논박한다.

교부들만 영지주의자들을 공박한 것은 아니다. 몇몇 철학자들도 있다. 플로티누스Plotinus(205~270)의 『엔네아데스』Ennéade 둘째 권은 영지주의 문제를 다룬다. 신플라톤 철학néoplatonisme의 거두巨頭도 철학 개념을 신화로 도치한 데에 찬성하지 않았고, 더욱이 그들의 예식 행사는 경멸한다. 233년에 티루스에서 태어난 포르피리오스Porphyrios(†305)는 스승 플로티누스의 의견에 동의하였고, 자신의 저서 『플로티누스의 생애』에서 그 당시 철학자들 사이에 유포된 영지주의 『묵시록』을 인용한다. 나그 함마디에서 발견된 필사본이 그 인용 구절을 확인시켜 준다.

우리는 결국 두 가지 질문을 던질 수 있다. 교부들은 왜 영지주의 자들을 반대하여 항거하였는가? 교부들이 제공하는 자료는 신뢰할 만한가?

교부들은 공동체를 책임진 주교들이었으므로 그토록 매혹적인 영지주의 교리의 위험성을 곧바로 알아보았다. 영지주의 사상은 신성神性과 직접 관계를 맺게 하는 각자의 인식에 기반을 두며, 그 인식이 교회의 체제를 운영하기 때문이다. 동시에 교부들은 최초 그리스도교 신학자였던 영지주의 교사들의 신학적 가치를 예감한 것이다.

영지주의 교리는 아직 그리스도교에 몸담지 않은 이교인들과 특권주의적 교리를 찾는 사회 고위층의 그리스도인들이 좋아할 수 있는 교리였다.

영지주의 교리에 관한 교부들의 자료는 대체로 신임할 만하다. 그러나 영지주의자들의 도덕관념에 대한 증언들은 다소 의심스러우며, 악의와 중상모략이 모든 논박서에 상습적으로 드러나기도 한다. 교부들의 저서들은 편파적이며 위험하다고 판정된 적대자들과 도전할 기세로 의기양양하다. 영지주의가 로마 제국의 많은 속주와 그리스도교 공동체 내부에까지 손을 뻗치고 있었으니 교부들의 우려가 컸을 법도 하다.

2. 직접 원천 문헌

영지주의 저술가들이 직접 쓴 문헌을 말한다. 원문들이 처음에는 그리스어로 집필되었을 터이나, 지금은 이집트 그리스도인들이 사용하는 콥트어로 쓰인 문헌만이 보존되어 있다.

　이 원천 문헌들은 두 종류로 구분한다. 하나는 18~9세기에 발견한 필사본들이고, 다른 하나는 1945년에 상이집트 나그 함마디에서 발견한 영지주의 필사본들을 소장한 서고다. 이 두 번째 발견이 특히 더 중요하며 영지주의 연구를 완전히 쇄신시켰다.

런던 · 옥스퍼드 · 베를린 필사본

필사본의 명칭은 매입한 사람들의 이름을 빌려 정했고, 현재 런던의 대영박물관, 옥스퍼드의 보들레안Bodleiana 도서관과 베를린 이집트학 박물관에서 보관하고 있다.

　이 필사본들을 제본한 책을 코덱스Codex(복수로 codices)라고 부른다. 이 코덱스는 파피루스나 양피지로 되어 있으며, 우리가 사용하는 책의 원조다. 1세기 초 그리스도인들은 각 지면의 앞면recto과 뒷면verso에 글을 쓰고, 필사본 두루마리volumen를 제본한 책codex으로 대치했다. 이렇게 제본하는 것이 비용도 저렴하고, 부피도 적으며 펼쳐 보기에도 편리하다. 유다인들은 계속 두루마리로 된 필사본을 만들어 거룩한 성서를 보관했다.

　런던 필사본Codex Askewianus은 양피지에 씌었고, 1750년 고대학에 열정을 쏟던 의사 아스키우A. Askew가 이집트에서 온 이 필사본을 구매했다. 178장(356쪽) 분량의 이 필사본은 예수와 마리아 막달레나, 그리고 사도들이 나눈 비밀 대화를 내용으로 하는 긴 논고를 수록한다. 제목이 따로 명시되어 있지는 않으나 일반적으로 『피스티스 소피아』Pistis Sophia라고 부르는데, 이 논고가 문제 삼은 "여성적 실체"의 이름에서 비롯되었다. 작품의 연대는 4세기로 추정하며 현재 대영박물관에 소장되어 있다.

옥스퍼드 필사본Codex Brucianus은 스코틀랜드 여행자 제임스 브루스J. Bruce가 1773년 상이집트 테베 근처에서 구입한 것으로 전한다. 78장(156쪽) 분량의 파피루스로서 많이 손상된 편이다. 이 필사본에는 두 가지 내용의 글이 기록되어 있는데, "예수의 가르침"과 "미지의 하느님에 대한 사색"이다. 첫째 논고의 제목은 논고 끝에 "초입자를 위한 대논고" — 미쉘 따르디외M. Tardieu의 번역 — 라는 기록이 있으나, 보통 부정확한 제목『예우Iéou 제2권』이라 부른다. 둘째 논고의 제목은 기록되어 있지 않아 따르디외의 제안대로『천상의 형체』La Topographie céleste가 내용상 적합하다고 본다.

베를린 필사본Codex Berolinensis n° 8502도 그 출처가 상이집트다. 이 필사본이 발견되자마자, 1900년에 칼 슈미트Carl Schmidt가 이 필사본 연구에 착수했다. 독일의 탁월한 콥트어 학자로서 그는 이 필사본이 영지주의 연구에 중요함을 알았다. 네 편의 논고들이 제자들과 마리아 막달레나에게 한 예수의 말씀과 계시를 다룬다. 이 필사본이 4세기 말이나 5세기 초에 씌었다면, 그 안에 담긴 논고들은 2세기 초까지 추적할 수 있고 가장 오래된 영지주의 증거 문헌에 나열할 수 있을 것이다. 제목들은『(막달라) 마리아 복음』, 『요한 비밀서』, 『예수의 지혜』, 『베드로 행전』이다.

나그 함마디 서고

20세기의 가장 큰 발견 가운데 하나인 이 필사본 덕분에 영지주의자들이 쓴 글과 접할 수 있게 되었다. 이 문헌들은 일관성 있는 원문들로 인생에 관한 동일한 이상, 세상을 거부하며 배척하는 동일한 태도, 인식을 통해 실현할 동일한 목적을 표현한다.

고대 유물로 이같이 많은 문헌이 한꺼번에 쏟아진 경우도 드문 일이다. 1947년에 발견된 사해 필사본만큼이나 중요한 이 나그 함마디 필사본은 고대 후기의 어두운 측면에 뜻밖의 새로운 빛을 투사하고 있다.

① 고고학적 발견

1945년 12월, 상이집트의 시골 농부들이 우연히 엣-타리프El-Tarif 산 중턱에 파인 한 동굴 속에서 밀봉된 채 묻혀 있던 항아리를 발견한다. 이곳은 나그 함마디라는 곳으로 나일 강 유역 고대 촌락 케노보스키온Chenoboskion 근처에 있다. 높이가 대략 1미터쯤 되는 이 항아리는 아주 오래돼 보였다. 그들은 혹시 그 속에 금이나 귀중품이 들어 있을까 싶어 서둘러 항아리를 깨뜨렸다. 금은 고사하고 옛 콥트어 필사본만이 가득 차 있었다.

이 발견 경위에 대해 상반된 의견들이 있으나, 곧 전설 속으로 사라지고 말았다.

1950년대 필사본에 관심 있는 연구원들이 여러 차례 이 농부들과 가족들을 찾아가 탐문하였는데, 그들의 설명이 각양각색이라 참된 진상을 밝히기 어려웠다. 항아리가 발견된 뒤 많은 중개인들을 거친 것은 사실이다(농부들의 말로는 추워서 필사본으로 가끔 불을 피웠다고도 한다). 시골 마을 한 콥트 교회의 사제가 카이로 고물상에 넘어온 이 필사본의 상품 가치를 처음 알아보기까지, 농부들의 손에서 어떤 과정을 거쳐 왔는지 정확히 추적하기란 수월치 않다. 골동품 암시장에서도 많은 우여곡절을 겪은 다음에야 이집트 정부에서 필사본을 거두어 구 카이로 콥트 박물관에 안치했다. 현재 필사본은 그곳에서 기호와 번호를 받아 안전하게 보존되어 있다. 필사본 코덱스 I의 일부분은 벨기에 한 고물상인이 유럽으로 가져왔는데, 그가 죽은 다음 스위스 취리히에 있는 칼 융 연구소Carl Jung Institut에서 구입하여 사진판으로 출판한 뒤 카이로 콥트 박물관에 돌려주었다.

항아리에 들어 있던 것들 가운데 오늘까지 남아 있는 것은 12권의 파피루스 필사본이며, 그 밖에 여덟 장은 제13권에 속하였고, 나머지 제13권은 제6권의 표지 속에서 발견되었다. 각 권은 가죽으로 제본되었고 어떤 표지에는 T자 모양의 십자가가 수놓여 있는데, 이는 생명을 상징하는 이집트의 십자가라고 한다.

필사본의 보존 상태를 보면, 이집트의 건조한 모래가 필사본 보존에 유리하여 어떤 필사본은 온전한 상태였지만, 또 다른 필사본들은 너무 손상되어 학자들이 보수하는 데 많은 노력이 필요했다. 매 권마다 3~7편의 논고가 실려 있어 전 논고의 수는 52편에 이른다.

전체 문헌이 영지주의적 성격을 띤다고 주장한 학자들이 제일 먼저 이 필사본에 접근하게 되었으니 그들은 프랑스 Collège de France의 교수 퓌에쉬, 프랑스 국립 과학 연구원 도레스J. Doresse, 네덜란드 우트레히트 대학 교수 퀴즈펠G. Quispel이다.

② 필사본의 언어

나그 함마디의 쉰두 편의 논고는 콥트어로 씌어 있다.

콥트어는 1세기 초부터 이집트에서 쓴 말이며, 지금도 콥트 교회는 전례어로 사용한다. 콥트어에는 여러 방언들이 있는데, 나그 함마디 문헌에 사용된 방언은 싸히드어sahidique로 아크밈어achmimique와

저低아크밈어subachmimique의 강한 억양을 낸다.

사실 문헌의 원문은 그리스어였고, 2~4세기 초에 걸쳐 나그 함마디에서 콥트어로 번역된 것으로 보인다(이집트뿐 아니라 로마 제국의 다른 속주에서도 그리스어는 교양 있는 사람들이 쓰는 말이었다). 몇 편의 논고들을 제외하고 대부분이 콥트어로만 존재한다. 그 예외들은 다음과 같다: 그리스어 원문이 있는 논고: VI,5; VI,7; XII,1; 라틴어 번역이 있는 논고: VI,8; 다른 콥트어 번역이 있는 논고: II,1; III,4; 그리스어 단편으로 존재하는 논고: II,2; 콥트어 단편으로 존재하는 논고: II,5; VII,4.

필사본은 여러 사람의 필체로 원본을 필사했거나 번역한 것으로 보인다. 같은 필사본 안에서도 다른 필체들이 나타난다. 이 필체들은 필사 연대 추정에 도움이 된다. 왜냐하면 각 시대에 고유한 서예 기법이 있었기 때문이다. 나그 함마디 필사본은 4세기 초에서 말까지 씌어졌을 것이다. 나일 강 삼각주에 자리 잡은 하나 또는 여러 영지주의 공동체에서 그들의 청원이나 필요에 따라 문헌들이 번역된 것으로 추정된다.

이 밖에도 서고의 연대를 측정하는 다른 요소들이 있다. 몇 권의 필사본 표지 속에는 파피루스를 넣어 두껍게 했는데, 그 지면에 연대가 적혀 있다. 예를 들면 코덱스 VII에는 333~348년에 기록된 파피루스가 들어 있었다. 그래서 코덱스의 제본은 그 이후로 추정해야 할 것이다. 또 다른 연대 측정 요소는 이단자들, 곧 360년 알렉산드리아에 번성한 '무법자'Anomos에 대한 진술 여부다. 그러나 나그 함마디 문헌은 대부분 관조적 저서들이라서 이런 연대 추정에 참고가 될 만한 근거는 아주 드물고 귀하다.

③ 필사본에 수록된 원문들

나그 함마디에서 발견된 쉰두 편의 논고는 참으로 거룩한 경전들로 집대성되어 있다.

문헌은 여러 종류의 문학 양식(장르)으로 나뉜다. 나그 함마디에서 발견된 복음서들은 사도들의 이름으로 씌어 있다(『필립보 복음』, 『토마 복음』). 이 복음들은 신약성서 목록에 끼지 못하고 외경에 속하지만, 동방 그리스도교의 몇몇 지역에서 사용했다. 이들은 상당히 오래된 전통에 의존하며 어떤 논고들은 신약성서 복음과 동시대에 저술되었다(『토마 복음』). 사도행전들은 예수와 사도들 간의 신비적 대화를 기록했다(『베드로와 열두 사도의 행전』). 교훈적 서간으로는 『필립보에게 보내는 베드로의 편지』와 『레기노스Rhéginos에게 보내는 편지』가 있다. 그리고 묵시록으로는 예수와 가까운 인물들의 이름이 붙은 『베드로 묵시록』, 『바울로 묵시록』, 『야고보 묵시록』이 있으며, 유다 전통의 신화적 인물들에 의존한 『아담 묵시록』, 『위대한 셋Seth의 둘째 논고』 등이 있다. 영지주의의 고유한 신화에 속하는 인물들의 이름으로 씌어진 것은, 『조스트리아노스』다. 제목에는 없지만 이 논고의 장르는 묵시록이다.

또한 창조의 기원에 대한 논고, 종말의 역사(『아르콘Archon들의 실체』) 등 비유적 표현이 풍부한 논고들도 있다. 철학적 논고에 따르면, 작가들이 그 당시 꽃피웠던 중플라톤 철학médioplatonisme과 신플라톤 철학néoplatonisme에 의존하여 영지 사상의 교리를 전개했다.

나그 함마디의 문헌은 대체로 익명이다. 알려진 일부 저자명은 차명에 지나지 않는다(『필립보 복음』, 『토마 복음』 등). 고대 문학작품에 차명을 붙이는 일은 흔한 일이다. 위인偉人들이 받아쓰게 했다거나 직접

썼다거나 혹은 계시했다고 함으로써, 논고들의 가치를 보장받으려
한 것이다. 우리는 박해받던 사람들이 이 문헌을 썼음을 잊어서는
안 된다. 따라서 작가의 익명은 당연한 것이다.

나그 함마디의 문헌은 관조적인 내용이어서, 이를 읽고 사용한 사
람들의 일상생활에 대한 정보는 얼마 없다. 그래서 영지주의 운동의
역사적 재구성은 쉽지 않다.

✳

한 서고 전체가 항아리 속에 묻힌 채 여러 세기를 버텨온 것이다. 아
마도 위험에 처한 4세기 영지주의 교회가 자신들의 소중한 서재를
안전한 곳에 감추어 둔 것임에 틀림없다.

다른 가설을 시도한다면, 4세기 케노보스키온 지역에는 파코미우
스가 세운 그리스도교 수도원이 번성했다. 이 서고가 그들 공동체의
것이라면 수도자들이 이단으로 여기는 문헌들을 복사하여 그들을
반박할 준비를 했거나, 아니면 이 공동체들 가운데 어떤 공동체들이
전통적 교리에서 벗어나 있으면서 그곳 수도자들이 영지주의 문헌
을 세밀히 공부했을 법도 하다.

3. 요 지

콥트어 원천 문헌들

● 런던 필사본, 대영박물관, Additional 5114, 양피지. 제목 없는
354쪽의 논고. 보통 부르는 제목은 『피스티스 소피아』.

● 옥스퍼드 필사본, 보들레안 도서관, Brucianus ms. 96, 파피루스. 『초입자를 위한 대논고』 94쪽; 『천상의 형체』(미쉘 따르디외의 제안) 62쪽.

● 베를린 필사본, 파피루스. Codex Berolinensis nº 8502 『(막달라) 마리아 복음』 1,1-19,5[11]; 『요한 비밀서』 19,6-77,7; 『예수의 지혜』 77,8-127,12; 『베드로 행전』 128,1-141,7.

나그 함마디 서고의 논고들[12]

【제1권】

I,1[13]『사도 바울로 기도』(I,A,1-B,10): 처음에는 제1권, 141-4쪽으로 분류되었다. 내용은 『밀폐된 비밀』에 있는 기도와 유사하며 시편과 바울로 서간에 의존한다.

I,2 『야고보 비밀서』(1-16쪽): 예수 부활 이후 550일 만에 베드로와 야고보에게 나타나셔서 마지막 비유를 말씀하신다. 여기서는 순교를 격려한다.

I,3 『진리의 선언』(16-43쪽): 영지주의 교리 강론에 속하는 논고(XII,2도 같은 논고).

I,4 『부활에 관한 논고』(43-50쪽): 이 논고의 수신인의 이름을 따라 『레기노스에게 보내는 편지』라고도 부른다. 인간이 사망한 후에 영혼이 존속함을 논한다.

---

[11] 1쪽 1행부터 19쪽 5행까지를 가리킨다.

[12] 모든 논고에 대한 간단한 설명은 편역자가 덧붙인 것이다.

[13] 로마 숫자는 권(Codex) 번호를, 쉼표 다음의 숫자는 같은 책 속의 논고 순서를 표시한다.

I,5 『세 편의 논고』(51-140쪽) ─ 『세 본성에 관한 논고』, 곧 상계와 창
　　조와 인간의 관계를 논한다.

【제2권】

II,1 『요한 비밀서』(1-32쪽): III,1; IV,1과 베를린 파피루스 필사본에도
　　같은 논고를 담고 있다. 부활하신 그리스도가 창조와, 인간의
　　타락과 구원을 요한에게 계시하여 설명한다.

II,2 『토마 복음』(32-51쪽): 예수 성언 수록.

II,3 『필립보 복음』(51-86쪽): 예수의 가르침, 또는 경고나 금언의 성격
　　을 띤다. 마리아 막달레나 전설과, 낙원의 생명 나무가 십자가
　　로 사용된 전설들은 초세기 외경에 속한다.

II,4 『아르콘들의 실체』*Hypostasis*(86-97쪽): 세상과 인간의 기원을 보여
　　주는 계시서다. 이 논고는 아르콘들의 종말과 영지주의자들의
　　영적 본질이 빛과 영광 속에서 아버지를 만날 것을 약속한다.

II,5 『세상의 기원』(97-127쪽): 흔히 『무제목 논고』라고 부른다(XIII,2도
　　같은 논고다). 이 논고는 우주와 인간 생성론, 종말론에 관한 영지
　　주의 중심 사상을 열거한다.

II,6 『영혼에 관한 주석』(127-37쪽): 영혼의 타락과 재상승을 논한다.

II,7 『용사 토마의 책』(138-45쪽): 예수와 유다 토마가 나눈 종말에 관
　　한 계시적 대화.

【제3권】

III,1 『요한 비밀서』(1-40쪽): II,1; IV,1과 같은 논고.

III,2 『이집트인들의 복음』(40-69쪽): 이 논고의 부제는 "보이지 않는

거대한 정신에 관한 거룩한 책"으로 세상 역사와 영지주의자들의 운명을 논한다(Ⅳ,2도 같은 논고).

Ⅲ,3 『진복자 유그노스토스』(70-90쪽): 다음 논고와 밀접한 관계를 가진다(Ⅴ,1도 같은 논고). 이 논고는 볼 수 있는 세상을 초월한 볼 수 없는 천상 영역을 다섯 신적 위계位階로 나누어 설명한다.

Ⅲ,4 『예수의 지혜』(90-119쪽): 베를린 파피루스 필사본도 같은 논고를 담고 있다. 위의 논고에 구세주 그리스도의 구속사업과 소피아에게 종속된 세력들이 이 세상을 지배하면서 빛을 손상하고 있음을 첨가했다.

Ⅲ,5 『구세주와의 대화』(120-49쪽): 많이 손상된 필사본으로 예수와 세 제자들, 유다 · 마리아 · 마태오와의 대화를 담고 있다. 요한 복음을 영지주의 사고로 해석했다는 의견이 있다.

【제4권】

Ⅳ,1 『요한 비밀서』(1-49쪽): Ⅱ,1과 함께 긴 본문(Ⅲ,1은 비교적 짧은 본문).

Ⅳ,2 『이집트인들의 복음』(50-81쪽): Ⅲ,2와 같다.

【제5권】

Ⅴ,1 『진복자 유그노스토스』(1-17쪽): Ⅲ,3과 같은 논고.

Ⅴ,2 『바울로 묵시록』(17-24쪽): 셋째 천국을 지나 넷째에서 열째 천국까지 체험한 바울로의 황홀경을 묘사한다.

Ⅴ,3 『야고보 첫째 묵시록』(24-44쪽): 예수와 의인 야고보의 대화다. 야고보는 주님의 영적 형제로 그가 당할 수난을 앞두고 예수께서는 그를 위로한다.

V,4 『야고보 둘째 묵시록』(44-63쪽): 야고보의 묵시적 순교사지만 순교를 참관한 사제가 야고보의 아버지 테우다에게 자신이 본 사실을 알리는 내용이다. 성시와 주님의 말씀이 많이 삽입되었다.

V,5 『아담 묵시록』(63-85쪽): 아담이 셋Seth에게 열세 단계로 된 영지주의적 세계 역사를 열세 왕국의 우의적 표현으로 계시한다.

【제6권】

VI,1 『베드로와 열두 사도의 행전』(1-12쪽): 내용을 네 묶음으로 나누면, 처음 세 부분의 우의적 비유는 『헤르마스 목자』의 편집과 유사하다.

VI,2 『천둥, 완전한 지성』(13-21쪽): 천둥(여성)은 완전한 지성으로 그리스(제우스), 히브리 신화에서 최상신으로부터 오는 초월적 계시자다.

VI,3 『권위 있는 가르침』(22-35쪽): 영혼의 기원과 그가 처한 환경(세상), 그리고 마지막 운명에 대한 강론.

VI,4 『우리의 위대한 권능의 사색』(노에마, 36-48쪽): "우리의 위대한 권능"은 모든 신을 초월하는 최상신이다. 육신의 창조와 구원의 역사, 그리고 세상 종말을 논하는 영지주의적 묵시록.

VI,5 플라톤 『공화국』 558b-589b(48-51쪽): 불의不義에 관한 논고.

VI,6 『제8위와 제9위에 관한 강화』(52-63쪽): 천상 세계를 두고 아버지(헤르메스)와 아들(타트)이 나누는 대화. 제7위는 지상 세계를 지배하는 해·달·별들의 영역이며, 제7위와 8위는 영혼이 진복을 누리며 제10위는 신이 거주하는 영역이다(위位는 천상 세계의 계층을 뜻하지만 모든 계층이 '위격位格적 성질'hypostasie을 가진다).

VI,7 『감사 기도』(63-65쪽) ― 『아스클레피우스』(『밀폐된 비밀』) 41: 신이
되는 지식을 받음에 감사한다.

VI,8 『아스클레피우스』(『밀폐된 비밀』) 21-29(65-78쪽): 완전한 가르침이
라는 제목으로 각 개인의 궁극적 운명을 주제로 한다.

【제7권】

VII,1 『셈Sem의 풀이』(1-49쪽): 성서의 창조론과 관계되는 영지주의적
우주생성론과 구원의 역사다. 셋Seth이 셈Sem으로 대치.

VII,2 『위대한 셋Seth의 둘째 논고』(49-70쪽): 셋이 "구원된 그리스도"
의 육신으로 나타나 이전의 구원 역사를 가르친다.

VII,3 『베드로 묵시록』(70-84쪽): 베드로는 예수의 투옥과 죽음, 그리
고 예수의 영적 육신이 천상 플레로마의 지성적 빛과 합일됨
을 예수의 특별 계시를 통해 알게 된다.

VII,4 『실바노스Silvanos의 가르침』(84-118쪽): 세상을 거부하며 비관주
의적 특색으로 쓴 영지주의 지혜서. 예수의 지혜는 절제 있고
조용한 인간이 신을 기쁘게 하며 신과 같이 된다고 가르친다.

VII,5 『셋의 삼석비三石碑』(118-127쪽): 사마리아에서 영지주의를 창설
한 것으로 여겨지는 도시테오스는 세 편의 성시에서 신의 세
가지 본성을 그렸다. 곧 혼자서 난 아들, 어머니인 남성적 동
정녀, 그리고 아버지인 성부다.

【제8권】

VIII,1 『조스트리아노스』(1-132쪽): 그리스어 제목은 『조스트리아노스
가 가르치는 진리, 하느님의 진리, 조로아스터의 진리』다. 조

로아스터가 가르친 천상 여행을 셋Seth의 후손인 선택된 자들에게 알리는 계시서다.

VIII,2 『필립보에게 보내는 베드로의 편지』(132-140쪽): 예수께서 십자가에 처형되었을 때와 그 후에 전달한 비밀 교시敎示로 베드로의 수위권을 주로 다룬다.

【제9권】 많이 손상된 필사본으로 단편들로만 전한다.

IX,1 『멜키세덱』(1-27쪽): 셋파Séthtiens에 속하는 계시서다. 멜키세덱이 예수 그리스도와 영지주의 구세주 셋과 동일시된다.

IX,2 『노레아의 사색』(27-9쪽): 노레아는 셋에게 대응하는 여성이다. 노레아는 더럽혀지지 않은 처녀로 영지주의자들의 영적 도움이 된다.

IX,3 『진리의 선언』(29-74쪽): 출산을 장려하는 법, 육신의 부활, 성행위를 반대하고 그리스도를 상징하는 뱀이 생명과 지식을 계시한다. 성서와 외경 구절들을 많이 떠올리는 강론이다.

【제10권】 제9권처럼 많이 손상된 필사본이다.

X,1 『마르사네스』(본질의 관조, 1-15쪽?): 옥스퍼드 필사본에서와 같이 마르사네스는 "완전한 인간"으로 최상신에게서 유출되는 "삼첩대신三疊大神"을 본 영지주의 예언자다. 논고는 마르사네스가 체험한 하계와 상계의 각종 신적 실체들을 설명한다.

X,2 『세상과 영혼』(16-21쪽?)

X,3 『천사들과 영혼에게 속한 '목소리'(소리)에 관한 논고』(22–52쪽?).

【제11권】

XI,1 『인식gnosis의 해석』(1-23쪽): 마태오 복음 구절을 인용하여 구세주와 성부의 관계와 구세주의 수난을 설명하고, 바울로 서간 구절을 인용하여 교회가 그리스도 신비체임을 영지주의 교회에 적용한다.

XI,2 『발렌티누스파의 설명』(24-41쪽): 발렌티누스파의 비밀 교리 교과서로, 소피아 신화에 의존하여 창조의 기원과 구원 과정을 설명한다.

XI,2abcd 『도유, 세례, 성찬에 관한 단편들』(42-45쪽): 위 논고에 속하는 교리 교과서로 성사와 전례적 기도다.

XI,3 『외방인』Allogenes(46-73쪽): 외방인은 "다른 종자"인 셋Seth(창세 4,25)을 의미한다. 외방인은 계시를 받아 자기 아들 메소스에게 두려움과 무지를 극복하고 인식을 획득하여 충만된 영성생활에 이르는 길을 가르친다.

XI,4 『지극히 높은 사색을 하는 여성 실체』Hypsiphrone(73-76쪽): 힙시프로네가 자신의 처녀성을 세상에 허락하면서 받은 계시다. 영지주의적 문맥에서 보면, 힙시프로네가 아담을 만든 하느님의 모상이 될 수도 있다.

【제12권】 열두 쪽과 열다섯 단편들만 전한다.

XII,1 『섹스투스의 금언들』: 아홉 쪽에 240 금언이 수록. 라틴어로 된 이교적 금언 451개가 전한다. 초대 그리스도교, 특히 수도원에서 많이 애용했다.

XII,2 『진리의 선언』: I,3을 보라.

XII,3 『단편들』(『진리의 선언』)

【제13권】 현재까지 재구성할 수 있는 부분은 두 편의 논고다.

XIII,1 『프로텐노이아Prôtennoia(原思索)의 세 형체』(35-50쪽): 세 편으로
된 계시서로, 한 처음의 하느님께서 유출한 첫 신은 프로텐노
이아 또는 바르벨로이며, 그가 자신을 드러내는 세 가지 모습
은 아버지·어머니·아들이다.

XIII,2 『세상의 기원』(『무제목 논고』): 첫 10행만 보존되었다(II,5를 보라).

저자와 원문

영지주의자들은 많은 글을 썼다. 교부들이 인용하고 주해한 발췌문들은 영지주의자들이 손수 쓴 작품들이다.

우리는 그 문헌들의 저자를 확인할 수 있을까? 뛰어난 철학적 재능과 부인할 수 없는 시적詩的 역량으로 종교적 체험을 묘사한 그 대가들이 누군지를 추적해 낸다는 게 가능한 일인가?

그 일은 어렵다. 물론 반이단론 교부들이 인용문에서 영지주의의 주요 대가들을 거명하고 있기는 하다. 그러나 그들의 일상생활이나 그들의 사회 계층, 그들이 받은 교육에 대해서는 조금밖에 이야기하지 않는다. 교부들은 그들의 윤리적 관습에 대해서 장황하게 늘어놓지만, 그 정보들은 그다지 믿을 만한 것이 못 된다.

영지주의 저술가들이 쓴, 특히 나그 함마디 서고에 보존된 원문을 들여다봐도 저자들에 대한 정보는 매우 희박하다. 더욱이 논고를 쓴 저자들은 익명이다. 가끔 알려진 영지주의 교사나 그들의 학원에 저자명을 붙일 수는 있어도 어디까지나 가설에 지나지 않는다.

1. 교사들

이레네우스는 영지주의 대가들의 모상을 묘사하기 위해 먼저 그 시대의 교사들을, 그다음에 그들의 선배들을 소개한다. 그리하여 영지주의 교리의 연관 관계를 설정했다. 우리는 이레네우스와 반대로, 연대순을 따라 그리스도교 1세기의 여명黎明으로 거슬러 올라갈 것이다.

① 마술사 시몬

사마리아에서 태어난 시몬은 모험적이고 파란만장한 삶을 산 것으로 드러난다. 그에 관한 일화에서는 전설과 사실을 분간하기가 어렵다. 사도행전 8장 9-25절에는 시몬에 대해 아주 부정적으로 말한다. 그는 베드로 사도를 돈으로 매수하여 안수할 수 있는 능력을 받으려 했다. 그래서 그는 나쁜 사람으로 평가받았고 예수의 추종자들 주변에서 쫓겨났다. 그는 다른 지방으로 도주하여 이때부터 벌써 영지주의 색채를 띤 강연을 한다.

시몬은 혼자가 아니었다. 교부들은 그가 헬레나라는 여자와 함께 다녔는데, 이 여자는 빼어난 미색을 갖춘 창녀로 시몬은 그녀를 티루스에[14] 있는 사창가에서 구해내어, 자신에게 영감을 주는 사람으로 삼았다고 한다.

시몬의 교리도 마찬가지다. 그의 글에서 헬레나는 '신의 사색', '신의 동반자', '창조의 기원'을 상징한다. 이 '사색'에서 비롯된 천

---

[14] 지금의 레바논 남단 항구 쭈르.

사들은 신의 권능을 탐내어, 한 인간의 육체 속에 '신의 사색'을 감금하는 데 성공했고, 그 '신의 사색'을 윤회론輪廻論의 쇠사슬에 사정없이 얽매어 놓았다고 한다. 헬레나의 역사는 트로이의 헬레나에서 시작되는 모든 여자의 족보를 요약하며, 물질 속에 감금된 영혼을 상징한다. 시몬이 전념한 사명은 천사들의 속박에서 영혼을 해방시키는 일이었다고 한다(이레네우스 『반이단서』 I,23,1-49); 히폴리투스 『논박서』 VI,9,3-18,7).[15]

각종 이설異說의 발상지 사마리아의 아들로 태어난 시몬은 자신의 이론 체계에 유다 사상에서 받은 유산과 유다 사상을 반대하는 맹렬한 논쟁을 섞는다. 창조주인 신은 영혼이 멸망하기를 바라는 악惡의 신으로, 시몬은 이 신을 구약성서의 신이라 하고, 구약성서의 예언자들을 사기꾼으로 여긴다. 시몬 교리의 이런 요소들이 뒤를 잇는 영지주의적 사변 속에 항상 계속된다.

순회 선교자인 시몬은 로마 제국의 도시들과 주州들을 순방한다. 로마의 클레멘스[16]를 차명 저자로 한 고전소설은 로마에서 베드로 사도를 반대한 논쟁에 대하여 기록하며, 그곳의 몇 사람이 시몬의 교설을 주장했다고 한다. 이 소설에서 시몬의 비참한 최후를 이야기한다. 그는 신과 동등하다고 확신한 나머지 그것을 증명하기 위해 어리석게도 자기를 로마 상공에 들어 올리려 하다가 땅바닥에 떨어져 온몸이 부서져 죽었다고 한다.

---

[15] 로마 숫자는 권(卷), 다음 숫자는 단락이고, 그다음 숫자는 절을 가리킨다. 이레네우스의 저서 *Adversus haereses*는 *Adv. haer.*으로 약칭하고, 히폴리투스의 저서 *Refutatio omnium haeresium*은 *Ref.*로 약칭해 쓰지만, 우리는 이레네우스의 저서를 『반이단서』, 히폴리투스의 저서를 『논박서』로 약칭하기로 한다.

[16] 교황 Clemens(90/92~101년경 재위)의 이름을 차명으로 택한 것이 확실하다.

② 메난드로스와 사투르니누스

  메난드로스Menandros도 사마리아에서 태어나 시몬의 후계자가 되어, 시몬의 마술 작업을 완성하겠다고 자처하고 나섰다. 자신이 세상에 감금되어 있는 영혼들의 구세주라 선언하며, 천지창조에 협조하고 영혼들을 노예로 구속하는 천사들에게서 벗어날 방도를 제공할 수 있다고 했다. 그 밖에도 그는 우주에서 초월한 절대적 신성神性을 선포했다(『반이단서』I,23,5). 이 명제가 영지주의 문학에 자주 되풀이된다.

  사투르니누스Saturninus의 경우는 시리아 안티오키아에 학원을 세운 탓에 메난드로스와 배경이 다르다. 사투르니누스는 천사와 대천사를 창조한 유일한 "알지 못하는 신"의 존재를 선포한다. 많은 천사들 가운데 일곱 천사가 세상을 창조한 다음, 돌연히 나타난 빛나는 모상을 따라 인간의 형체를 만들려고 했으나, 이 창조의 천사들이 무능력하여 다 만든 작품을 바로 세울 수가 없었다. 하느님은 인간을 불쌍히 여겨 그에게 빛의 반짝이는 한 "불꽃"을 보내어 그를 세웠고 생명을 누리게 했다. 사투르니누스는 그 빛의 "불꽃"을 감싸고 있는 육체가 몰락할 때, "불꽃"은 자기가 온 높은 곳으로 다시 올라간다고 한다(『반이단서』I,24,1-2; 『논박서』VII,28).

  사투르니누스는 벌써 세상과 인간 창조에 관한 영지주의 신화를 완전히 알고 있었다. 2세기 중엽부터 영지주의 대가들이 그의 신화에 더 복잡하고 더 잘 조직된 표현을 첨가한다. 이 문제에 대해서는 다시 짚어 보기로 한다.

③ 바실리데스[17]

　바실리데스Basilides는 시리아에서 이집트로 자리를 바꾼다. 그는 120년부터 150년까지 알렉산드리아에 학원을 세우고 그곳에서 임무를 수행했다. 그의 작품은 제목만 전해져 내려오고, 반이단론 교부들이 그의 드문 단편적 문장들을 인용하면서 그의 이론을 길게 설명한다. 알렉산드리아의 교부들인 클레멘스와 오리게네스도 그에 대하여 언급한다.

　바실리데스도 다른 영지주의 교사들과 같이 자신의 교리에 권위를 부여하기 위해 자기 이름을 사도들의 족보 속에 끼워 넣으려고 부단히 애를 쓴다. 그가 받은 신비들은 예수에게서 오며 베드로의 한 제자를 통해 받은 것이라는데, 이레네우스는 그 제자를 글라우치아스Glaucias라 하고 히폴리투스는 마티아스Matthias라고 했다.

　바실리데스 이론의 가장 중요한 특징 가운데 하나는 비관주의다. 우선 개별적 비관주의는, 모든 영혼이 죄로 더럽혀졌고 처벌은 오로지 범한 잘못에 대한 대가로 주어진다. 곧 "죄를 범하지 않고 고통을 당하는 사람은 드물다"(알렉산드리아의 클레멘스 『양탄자』 IV,81,1). 바실리데스의 이론에 따르면 "동물의 육체에서 인간 육체로의 환생"transmigration métemsomatose은 죄를 보속하는 한 방편이다. 그의 우주적 비관주의는, 유일하며 명명할 수 없는 하느님이 이 우주에서 무한히 멀리 떨어져 있다고 한다. 하느님과 피조물 사이에는 365층의 하늘이 있다. 이 하늘들에는 유출된 실체들entités d'émanations의 "계층"kyrielles이 자리 잡고 있으며, 그들은 신적 원천에서 멀수록 완전성이 떨

---

¹⁷ 그리스명은 바실레이데스(Basileides)다.

어진다고 한다. 땅과 그 속에 있는 모든 것의 창조는 마지막 하늘의 천사들과 아르콘들의 두목, 곧 유다인들의 신에게 책임이 있다. 그래서 하느님은 하느님을 믿는 자들을 구원하기 위하여 맏아들을 이 세상에 보냈다고 한다. 그의 이름은 "지성"이며 이분이 그리스도시다(『반이단서』 I,24,3-7; 『논박서』 VII,20-27).

바실리데스의 그리스도는 가현주의假現主義(docétisme)적 색채로 그려진다.

가현설이란 무엇인가? 모든 영지주의 저술가들에게 공통으로 드러나는 가현 사상은 그리스도의 인격을 이해하는 또 다른 방식이다. 이 사상은 그리스도의 인간적 영역에 속하는 모든 것을 부정한다. 그리스도는 인간으로 강생할 수 없고 십자가의 고난도 당할 수 없다는 것이다. 그런 사실들은 신의 본성과 모순되기 때문이다. 곧 그들의 글에 따르면 그리스도는 강생하지 않으셨다(이 명제가 대중 교회에 끊임없이 반향을 일으켰을 것이 분명하다).

그리스도는 인간의 형상을 취하여 세상에 "나타나셔서"[18] 기적을 행하셨다. 그러므로 그는 수난을 당하지 않았고 키레네의 시몬이라는 어떤 사람이 그를 대신하여 십자가를 졌다. 그리스도가 이 시몬을 자기처럼 보이게 변형시켰으니, 십자가에 못박힌 사람은 결국 시몬이다. 예수께서는 시몬의 모습으로 십자가 아래 서서 아르콘들을 비웃는다(『반이단서』 I,24,4).

그리스도는 이 지상에서 나쁜 천사들Archontes의 감시를 받으며 비웃음을 당했고 아버지 곁에 다시 올라가셨다. 영지주의자들은 이 사

---

[18] 그리스도 자체가 아니라 그의 형상이 나타났음에 주의하기 바란다.

실을 아는 사람들이요, 이 세상을 창안한 아르콘들의 지배에서 벗어난 사람들이다. 십자가에 못박힌 자를 고백하는 사람은 노예이나 그를 부정하는 사람은 자유인이니, "낳음을 받지 않은 아버지"의 계획 Économie을 알고 있기 때문이다(『반이단서』 I,24,4).

바실리데스는 영혼의 부활을 선포하지만 육신의 부활은 완강히 거부한다. "그 이유는 육체가 본질상 부패할 수 있기 때문이다." 그러나 이 세상에서 아르콘들에게 감금되어 있는 영혼이 어떻게 빠져나올 수 있을까? 구원을 청하는 기도와 마술적 언어와 암호를 아는 영혼만이 빠져나올 수 있다고 한다. 이로써 영혼은 365층의 하늘로 그곳에 사는 모든 세력 — 천사 — 들 눈에 띄지 않게 올라갈 수 있다. 이 영혼은 그들의 이름을 알지만 그들은 영혼을 알지 못하기 때문이다. 바실리데스는 말하기를, "그런 인식을 가질 수 있는 사람은 소수에 지나지 않아, 천 명에 한 사람 만 명에 두 사람이다. 그들이 알고 있는 신비는 절대로 누설해서는 안 되며, 침묵으로 비밀을 지켜야 한다"(『반이단서』 I,24,6).

④ 발렌티누스

발렌티누스Valentinus는 다양한 재능을 지닌 인물이다. 일류 신학자이며 세련된 성서 주석가이자 전위前衛 철학가요 시인이기도 하다.

그는 100년경에 이집트 나일 강 삼각주의 큰 부락에서 태어났고 알렉산드리아에서 공부를 마쳤다. 기원후 초세기에 알렉산드리아는 아직도 찬란한 문화의 중심지였고, 유다인들과 그리스도인들, 그리고 이교인들도 저마다 번성했다. 때는 하드리아누스 황제(117~138년 재위) 시대였다. 이집트는 로마 제국의 한 주州로, 철학자들의 학원과

명성이 높은 교사들을 수용한 한림원 등이 번성했다. 알렉산드리아는 지성과 상업이 번창한 동서의 교차점으로 유명하다. 동서에서 온 가장 기묘한 인물들과 여러 인종들, 매우 대범한 이론들이 집결한 곳이다. 상인들은 희귀한 상품들, 이국의 특산물들, 바다와 육지를 오가는 여행과 먼 대상隊商의 길에서 배운 새로운 풍습들을 들여왔다. 이와 같이 자극적인 분위기에서 발렌티누스는 그 당시 지식계급과 왕래하며 자신의 이론들을 세련되게 공들여 다듬었다. 아마 강의도 했을 것이다. 그는 그리스도교 신자가 되길 원했고, 바울로와 그의 제자 테오다스Théodas의 중개로 전해진 그리스도의 비밀 교설을 상속받았다고 스스로 말한다.

140년경 발렌티누스는 이집트를 떠나 제국의 수도에서 20여 년 동안 머물렀다. 로마에서 그는 교회의 품속에서 임무를 띠고 직위를 수행하였으니 주교품까지 받았음이 분명하다. 그러나 160년경 발렌티누스는 그리스도 교회와 갈라선다. 무슨 일 때문인지는 아무도 모르지만, 추측하건대 그가 강의한 이론들이 교회 당국 책임자들의 호감을 사지 못한 데다, 그가 선택한 제자들의 성서 주해가 너무나 대담하여 거북한 입장에 처했을 것이다. 그래서 발렌티누스는 다시 이 곳저곳을 순회하며 키프로스Cyprus까지 왔고, 그곳에 학원을 세운 듯하다. 그의 말년은 어둠 속에 가려 있다.

발렌티누스의 방대한 저서 가운데 지금까지 전해지는 것은 다만 몇 안 되는 단편적 본문들이다. 그것들이 남아 있는 것은 동시대에 동향인이었던 클레멘스와 히폴리투스 덕분이다. 히폴리투스가 전한 단편 본문을 보면 이 작품의 시적이며 비극적인 힘에 놀라게 된다 (『논박서』 VI,37,7).

나는 영靈 속에서 만물이 매달려 있음을 본다.

나는 영 속에서 만물이 움직이고 있음을 본다.

육체는 영혼에 매달려 있고

영혼은 공기와 함께 움직이고

공기는 에테르[19]에 매달려 있으니

심연 밖으로 떨어지는 수확들

자궁에서 나오는 한 어린애.

발렌티누스는 신화로 된 자기 사상의 핵심을 이 신비롭고 간결한 언어에 담아 표현했다. 히폴리투스는 이 어려운 원문을 이해하기 위해 주해를 덧붙인다. 육체는 물질로서 데미우르고스Demiourgos(하층 세계의 창조자)의 영혼에 매달려 있고, 영혼이 공기와 함께 움직이는 것은 데미우르고스가 신의 세계, 플레로마pleroma(충만) 저편에 있는 영靈과 함께 움직이는 것을 말한다. 공기가 에테르에 매달려 있다는 말은 지혜sophia가 내적 한계[20]와 플레로마 전체에 매달려 있음을 의미한다. 수확 곧 열매는 성부에게서 오는 에온Éon들의 유출émanation을 의미한다.

발렌티누스의 교리와 신화적 표현의 범위를 포착하려면 여러 가지 번역문으로 보존된 교부들의 원문에 의존해야 한다. 교부들은 신

---

[19] 에테르(éther)는 가장 가벼운 원소로, 어떤 교부들은 이를 천사의 실체라고 주장하기도 했다.

[20] 한계(horos)라는 말은 영지주의 전문 용어로 빛의 세계와 어둠의 세계의 한계이며 충만한 세계(pleroma)의 한계로 한 에온의 이름이기도 하다. 이 표현이 한계(Théletos)라 부르는 소피아의 배필과 연관된 듯하다. 소피아는 타락하여 이 한계 밑으로 떨어져 세상에 빛의 미립자를 뿌린다. 영지주의자들은 이 한계를 우주적 십자가로 해석한다.

학자이며 신화 작가인 발렌티누스의 중요성을 인정했다.

예를 들어, 교리의 복합성으로 인해 헷갈리지 않기 위해서는, 이레네우스의 기록을 요약할 필요가 있다(『반이단서』 I,11,1). 발렌티누스 교리의 비의적 부분은 스승의 가르침에 흡수되어 그의 계시를 받기에 충분한 신도들에게만 한정된다.

이 계시는 상층 세계에 관한 것으로 영지주의자들은 이 세계를 플레로마라고 부른다. 플레로마의 절정에는 이원적 개념이 자리 잡고 있는데, 그들을 '불가표현'과 '침묵'이라 한다. 이 두 개념이 한 쌍sy-zygie을 이루며, 한 지체는 남성(하느님)이고 다른 지체는 여성(그리스어로 sigè)이다. 이 이원적 개념에서 둘째 쌍이 나오는데, '아버지'의 남성적 요소와 '진리'의 여성적 요소로 구성된다. 이 개념들이 다시 번식하여 사원적 개념 — 네 요소 — 을 이루고 또 다른 실체들을 배출한다. 곧 '말씀'logos, '삶', '인간', '교회'다. 이 전체가 팔원적 개념이 되고, 삼십(30)에 이르기까지 다른 실체들을 배출한다.

서른 번째 실체는 여성이다. 이를 지혜sophia라 하며, 이 지혜 때문에 플레로마에서 문제가 일어나기 시작한다. 지혜(여성)가 아버지(남성)에 대한 강한 정욕에 사로잡혀, 자신의 배필 텔레토스Théletos(남성: 그리스어로 '한계')를 피하여 사라져 버린다. 그리하여 지혜가 질서정연한 플레로마의 실체들을 혼란에 빠뜨린다. 사랑과 경솔의 죄 때문이었다. 소피아는 아버지의 감미로움에 빠져 우주의 본질 속에 용해되어 버릴 위험을 자초한 것이다. 그때 첫 배필 '한계' — 플레로마의 질서 보호자 — 가 소피아를 제자리에 데려온다. 그러나 소피아가 품은 욕망은 사라지지 않고 우주의 본질이 된다. 그 욕망 — 본질 — 이 하계로 내려와 우주 창조의 시발점이 된 것이다.

이 창조는 욕망에서 탄생하여 불완전성과 혼란의 징표 아래 진행된다. 창조로 인해 영혼은 감금된다. 그러나 상계에서 소피아를 자극한 인식의 갈증은 영혼 속에 지울 수 없는 한 표적을 남겼으니, 이 인식에 대한 욕망이 천상의 고향으로 돌아가 자유를 누리게 할 첫 발자국이다.

소피아 신화는 영지주의 사색의 궁륭에 들어갈 열쇠가 된다. 발렌티누스의 학원들은 이 신화를 오랜 기간 동안 계속 공부하고 분석하면서 추가와 변형을 거듭했다.

⑤ 발렌티누스의 학원들

발렌티누스의 사상을 공부하고 발전시킨 두 학원은 서방 학원과 동방 학원이다.

프톨레메우스와 헤라클레온이 서방 학원을 대변한다. 이들은 알렉산드리아 태생으로(2세기) 로마에서 가르쳤다. 프톨레메우스의 교리는 이레네우스가 영지주의자들에 맞서 쓴 논쟁 작품의 근간을 이루고 있다. 이레네우스는 자기와 동시대 인물인 이 교사의 사상을 잘 알았던 것이다.

프톨레메우스도 탁월한 신학자이며 성서 주석가였다. 발렌티누스의 학원에서는 많은 시간을 성서 공부에 치중하였고, 성서에 우의적 寓意的(allégorique) 해석 방법을 적용했다. 창세기의 창조 신화는 개혁적이며 대담한 해석의 대상이 되었고 유다교와 그리스도교의 전통적 주해를 뒤집었다.

이레네우스는 프톨레메우스의 몇 문구를 발췌한 정도지만, 에피파니우스는 그의 작품 전체를 전한다(『약상자』 33,3,1-33,7,10).[21] ▶ 『프톨레메우스가 플로라Flora에게 쓴 교리적 서간』을 보면, 플로라는 로마의 상류층 여자로서 그때 영지 종교에 갓 가담한 상태였다. 이 서간은 신화적 교리보다 덜 복잡하고, 신비를 전수받은 초입자에게 한정되었고, 새로운 신도들이 첫발을 내딛게 하는 안내서다. 교사는 초입자에게 영지주의 비결 — 열쇠 — 을 설명한다. 여기에서 그는 '알려지지 않은 상위의 신'과 '불완전한 창조주'인 둘째 신 사이의 명확한 차이를 설명한다. 이 둘째 신은 유다교의 신이다. 이 사실을 설명하기 위해 프톨레메우스는 무수한 구약성서 구절을 주해한다.

헤라클레온은 신약성서 연구에 몰두했다. 오리게네스는 『요한 복음 주해』 속에 그에 관한 긴 발췌문을 담았다. 헤라클레온은 "알지 못하는 신"과 창조주인 신과의 차이를 설명하고, 인류를 영적spirituels 인간·심령적psychiques 인간·물질적hyliques 인간, 이렇게 세 부류로 구분한다. 영적 인간은 말 그대로 그가 가지고 있는 영(그리스어로 프네우마pneuma), 곧 신적 '빛의 불꽃'이 그를 자동적으로 구원하는 것처럼 되어 있다. 반면, 심령적 인간(그리스어로 프시케psyché: 영혼)은 구원을 받기 위해서 선행에 의존해야 한다. 물질적 인간(그리스어로 힐레hylé)은 땅에 얽매이고 자신의 정열에 사로잡혀 있어 구원받을 희망이 전혀 없다. 그들은 신적 광채에서 제외되어 이미 멸망한 인간들이다.

동방 학원은 이집트와 시리아에서 발족하여 서방 학원들보다 덜 알려져 있다. 동방 학원은 사색가 테오도토스Theodotos와 점성가 마르쿠스Marcus가 유명하다. 테오도토스의 일생에 대해서 잘은 모르지만, 알렉산드리아의 클레멘스가 그의 점성학적 교리로 채색된 몇 개

◀21 숫자 33은 에피파니우스가 열거한 여든 가지의 이단설 중에 제33이단을 가리키며, 3,1은 원문 인쇄에 사용한 장과 단락을 구분한다.

의 발췌문을 인용한 걸 보면, 구세주가 영혼을 구하기 위해 "별들의 불길한 세력"[22]을 파괴하러 올 것이라고 한다.

점성가 마르쿠스는 신비 해명가mystagogue로서 숫자 해석numérologie에 열중했다. 그의 교리는 소아시아에서 갈리아Gallia(프랑스)까지 전파되어, 2세기 말에 그의 몇몇 제자들이 많은 신도를 포섭했다고 이레네우스가 전한다. 점성가 마르쿠스의 사상 체계는 이론과 전례를 결부시키는데, 그가 특히 강조한 바는 인식의 길을 여는 성사들sacrements이다.

⑥ 종파 문제

시몬, 바실리데스, 발렌티누스, 점성가 마르쿠스는 많은 신도들을 모아들였고 학원들을 세웠다. 그래서 그들의 종파나 마술사 시몬의 종파에 대해서도 역사적 확실성을 가지고 말할 수 있다.

반이단론 교부들은 그 교사들의 이름을 따르지 않고, 그들이 숭배한 인물이나 실체들에서 이름을 따 종파명을 정한다. 몇 가지 예를 든다면, 카인의 행적에서 영감을 받은 카인파, 뱀을 흠숭한 오피스파, 셋을 내세운 셋파Séthtiens, 바르벨로Barbélo를 숭배한 바르벨로파 등이다. 에피파니우스가 여든 종파나 되는 영지주의 이단에 대해서 언급했음을 기억할 것이다.

물론 이 종파명은 교부들의 상상이 빚어낸 결과이지, 실제 역사적 사실에 근거한다고는 볼 수 없다. 교부들의 목적은 영지주의자들을 교회 공동체에서 파문하고 그리스도교의 테두리 밖으로 몰아내는

---

[22] "별들의 불길한 세력"(보통 일곱 성좌)은 점성학적 표현이며 행운의 별들(보통 열두 성좌)에 반대된다.

데 있었다고 보아야 할 것이다. 그들을 다른 이름으로 명명함으로써 그들에게서 그리스도인이라는 이름을 빼앗을 수 있었고, 이 일이 교부들의 이단을 처리하는 첫 조치였다. 그렇지 않으면 영지주의자들을 그리스도인들로 보았을 것이다. 그들은 자신들이 그리스도의 참된 사자라고 자칭했고, 자신들만이 그리스도의 참된 가르침을 이어받았다고 했기 때문이다.

종파들을 처단할 둘째 방법으로는 종파명과 영지주의 교리의 종류를 늘리는 일이었다. 온갖 잡동사니 이름을 뒤집어쓴 채, 무수한 조류潮流로 갈라진, 영지주의의 그릇된 수많은 교리가 그리스도의 유일한 진리에 반대됨을 드러내려 한 것이다.

2. 익명의 저자들

우리는 영지주의의 거장들의 이름과 교리를, 대부분 반이단론 교부들의 반박서를 통해서 알고 있다. 그러나 익명의 저자들이 쓴 작품들도 있다. 그것들은 나그 함마디 근처에서 발견한 필사본 원문들과, 런던 · 옥스퍼드 · 베를린 필사본들이다.

왜 익명인가? 필자들은 어찌하여 자기가 쓴 작품에 이름을 서명하지 않았는가? 저자는 과거에 살았던 종교적 권위자의 이름을 방패로 내세워 자신의 저서에 권위를 부여하고자 한 것이다(나그 함마디의 예를 들면, 『아담 묵시록』, 『위대한 셋Seth의 둘째 논고』 등이다). 아니면 필자가 신화적 실체들의 배후에서 가상적 문학 기법을 통해 계시를 알리기 위해서일 것이다(나그 함마디의 『프로텐노이아의 세 형체』, 브루스의 필사본 『피스티스 소피아』). 그 밖에 천상적 비밀을 위탁받은 반신반인半神半人적 인물들의 이름을 논고에 붙이기도 한다. 이런 작품들에는 『조스트리아노스』, 『마르사네스』, 『외방인』 등이 있고, 이들은 저마다 나그 함마디 필사본 VIII, X, XI권에 해당하는 제목들이다.

익명성의 또 다른 이유는 박해를 두려워했기 때문이다. 2~3세기 로마 제국은 영지주의자는 물론 그리스도인들까지 모두 박해했다. 그러다가 콘스탄티누스 대제 치하에서 그리스도교는 국교로 인정받았다. 교리적 분열이 사회적 소요를 일으킬 수 있다는 사실을 의식한 황제는 정치적 동기에서 유일하고 견고한 교회를 원했다. 그리하여 그리스도교 주변의 반체제적 단체들은 금지된다. 이교인 박해자들은 그리스도인 박해자들과 합세하였고, 그리스도교 신자들도 이단으로 취급되는 적은 무리들을 말살하려고 그들을 고발하여 결과적으로 국가에 큰 도움을 제공했다.

✳

나그 함마디 서고는 쉰두 편의 논고로 구성되며, 인식이라는 개념으로 통일성을 이루고 있다. 이 인식의 개념은 선택된 소수에게만 마련된 계시에서 시작한다.

이 서고에는 거대한 문학작품이 평범한 문헌들과 함께, 철학적 수필들이 요약된 교본들과 함께, 시詩들이 다듬지 않은 산문들과 함께 나란히 진열되어 있다.

집필된 연대도 서로 다르다. 상당히 오래된 원문 — 가령 『요한 비밀서』의 집필 연대는 2세기 초로 추측된다 — 도 있고, 더 늦게 씌어진 논고들로는 나그 함마디 공동체와 동시대의 것도 있다.

우리는 여기에 두 문헌의 원문을 소개한다. 첫째 것은 저자의 인격을, 둘째는 전언傳言의 위력을 강하게 표현한다.

① 『진리의 선언(복음)』(NH I, 3) 또는 『자기 인식』

이는 발렌티누스일 수도 있는 한 위대한 저자의 작품이다. 나그함마디 필사본 제1권에 있는 이 본문은 인간의 모험과 지상에서 겪은 혼란을 인상파적 필체로 그린다.

세 중심 인물은 미지의 아버지(聖父), 구세주 그리스도인 아들, 그리고 세상의 악몽에서 헤매며 구원을 바라고 손을 내미는 인간이다. 구원은 자신의 발견, 과거와 현재의 인식, 자신의 고유한 운명에 대한 의식으로서, 오늘날 현대인들이 자신을 찾기 위해 고민하는 실존적 주제들이다.

이 작품의 제목은 남아 있지 않으나, 현재 통용되는 명칭은 논고의 첫 줄에서 따온 『진리의 복음』(콥트어로 *euanggelion ntme*)이다. 필자가 『진리의 선언』이라 제목을 붙인 이유는 기술적 의미를 띤 '복음'이라는 말이 이 논고에 적합하지 않기 때문이다. 이 논고는 무엇보다 집회에서 읽어야 할 강론이다. 이레네우스는 발렌티누스파 신도들이 『진리의 복음』*Evangelium veritatis*을 읽는다고 했는데, 바로 이 본문을 두고 하는 말인가? 이 질문에 긍정적 대답을 할 수 없는 이유는 이레네우스가 언급한 본문의 내용을 알 수 없기 때문이다.

콥트어로 번역된 『진리의 선언』은 350년경에 씌어진 것으로 추정된다. 2세기 말에 편집된 것으로 추정되는 그리스어 원문은 소실되었다. 발렌티누스가 저자라면, 이 문헌은 175년(사망 추정 연대) 이전에 씌었다고 보아야 할 것이다. 이 문헌을 저술한 장소에 대한 기록은 없다. 이제 저자의 표현력을 포착할 겸 그의 말을 들어 보자.

> 만유萬有는 그의 원천인 "통일성"을 찾지만, 만유는 자신 속에 있는
> 것이다. … (NH I,3: 19,7-9). 아버지Demiourgos(하계의 신)의 무지가 불안과
> 공포를 불러일으켰노라. 그 불안은 안개같이 짙어 아무도 그 이상
> 더 볼 수가 없노라. 오류는 세력을 얻어 진리를 모른 채 공허 속에
> 자신의 고유한 물질에 형체를 주었노라. 그는 (세상) 창조에 형체를
> 주어 아름답게 만들었으나, 참된 것은 만들 수 없었노라. … 오류는
> 정처 없이 안개 속에 떠 있었노라. … 그의 창조주는 공포와 망각을
> 일으켜, 중간 존재 — 심령적 존재 — 를 유인하고 그를 사로잡으려
> 했으나, 아버지가 "알지 못하는 신"이므로[23] 망각이 솟아났노라. 아
> 버지가 알려지면, 망각은 존재하지 않을 것이니라(NH I,3: 17,30-18,7).

『진리의 선언』은 그리스도가 구세주이며 인간은 그 덕분에 자유를
맛볼 수 있음을 묘사한다.

> 예수 그리스도는 망각 때문에 암흑 속에 살던 사람들에게 빛을 비추
> 어 주었노라. 그는 그들을 비추어 그들에게 길을 가르쳐 주었는데,
> 이 길이 곧 진리이노라. … 그 — 그리스도 — 를 통해 인간들은 자신
> 안에서 아버지를 찾을 것이니라(NH I,3: 18,15-21).

영지주의자들은 구원에 선택된 사람들이다.

---

[23] "알지 못하는 신"(Dieu inconnu)은 전문 용어다.

아버지의 사색과 지성 속에 씌어 있는 바에 따르면, 삶에 관한 "생명의 책"이 그들의 마음속에 나타났느니라. ⋯ (NH I,3: 19,34). 그 책에 언급된 생명들은 인식에 선정되었으니 아버지와 친분을 가지고 서로 알게 되며 그분에게 돌아갈 것이니라(NH I,3: 21,1-3).

구세주가 오면 물질은 사라질 것이며, 충만의 상태가 공허의 상태와 맞서게 된다.

욕망과 갈등이 있는 곳에 공허가 있고, 통일성이 있는 곳에 완전성이 있노라. 아버지가 알려지면 공허는 더 존재하지 않을 것이니라. ⋯ 빛이 떠오르면 암흑이 사라지듯, 결핍과 공허가 충만하리라. 그 순간부터 가상적假象的 왕국은 존재하지 않으리니, 이는 통일성의 조화로 자취를 감추었기 때문이니라(NH I,3: 24,25-25,6).

『진리의 선언』에서는 오류라는 개념을 인격화한다. 오류는 자신을 협박하는 위험 앞에서 통곡한다. 이 위험이 진리의 왕국이다. 움직임은 여기서 불완전과 허영을 상징한다. 반면에 휴식은 아버지 곁에서 향유하는 완전한 상태를 가리킨다.

미지의 길(道)은 혼란에 빠져 쉴 새 없이 움직인다. 오류는 흥분하여 무엇을 해야 할지 모른다. 오류를 파괴할 인식이 가까이 오고 있으니, 오류는 당황하여 울며 통곡하며 아무것도 이해하지 못하겠다고 말한다(NH I,3: 26,15-26).

지상에 있는 인간의 상태는 악몽에서 깨어나지 못하는 잠과 같다. 생은 악몽에 지나지 않는다. 이 명제는 많은 영지주의 문헌에 반복되는데, 심리학적으로 매우 드물게 섬세한 형태로 발전되어 나타나기도 한다.

> 그들은 아버지를 보지 못했으니 아버지를 인식하지 못한다. 인간은 잠들어 악몽에 사로잡혀 있을 때처럼 누군가에게 쫓겨 막다른 곳으로 도망치거나, 육체와 육체가 단번에 충돌하는 것과 같다. 또한 날개도 없이 높은 데서 떨어져 허공 속으로 빨려드는 것과 같다. 어떤 때는 아무도 쫓아오지 않는데 스스로 목숨을 끊기도 하고, 어떤 때는 이웃을 살해하여 그 피가 솟아 우리가 그 피를 덮어쓰는 꿈 같기도 하다. 이 온갖 꿈들을 다 꾸고 잠에서 깨더라도 이 느낌들이 남는다. 이런 모든 혼란 가운데서 우리는 아무것도 보지 못한다. 왜냐하면 일어난 이 사실들이 아무것도 아니기 때문이다. 이같이 자신에 대한 인식을 거부한 사람들은 그 인식을 아무것도 아닌 것처럼 여긴다. 그들은 그 밖에 다른 사실도 실제라고 생각하지 않는다. 그들은 밤에 꿈속에서와 같이 행동한다. … 이같이 인식하지 않는 사람은 잠잘 때처럼 행동한다. 인식하는 사람은 그와 반대로 잠에서 깬 사람과 같다. 장님의 눈을 뜨게 한 자는 복되도다(NH I,3: 28,32-30,15).

② 『토마 복음』(NH II,2) 또는 『예수의 비밀 말씀』

　『진리의 선언』에는 이를 편집한 저자의 인격이 뚜렷이 드러났다. 그러나 다른 논고에서는 다만 저자가 알리려고 하는 전언 뒤로 사라져 버린다. 전언이 너무도 강력하여 아무 주해도 필요 없을 정도다.

『토마 복음』이 그러하다(약자로 EvThom).

예수의 114 "성언"logia을 전하는 나그 함마디 필사본 제2권에 대해서는 벌써 많은 글들이 발표되었다. 이 발표들로 1950년대는 큰 격동을 겪었다. 사람들은 그리스도 생애의 새로운 사실들을 알게 되고, 이것이 다섯 번째 복음이 아닐까 의심했다. 오늘날 특히 미국에서 『토마 복음』은 영지주의자로 자처하거나 적어도 그리스도교에 기원을 둔 비의적 종파들 사이에서 특별한 주목을 끌고 있다. 1957년 이후 영지주의 사상에 정통한 학자이자 면밀한 전문가인 퓌에쉬는 이러한 주장이 그릇되다는 판정을 내리고, 그 문헌의 참된 위치를 밝히면서 큰 관심을 불러일으켰다. 이 복음은 가상문학으로, 토마 사도가 썼다고는 하지만 실은 외경apocrypha이다.

여기서 토마는 예수의 가장 가까운 제자들 가운데 하나로 활약한다. 고대 전통에 따르면 예수는 토마에게 동방 지역을 회두시킬 사명을 맡겼다. 토마는 메소포타미아를 가로지르며 교회들을 창설하였고, 인도까지 가는 모험을 하기도 한다. 토마는 시리아 교회에서 특별한 존경을 받고 있으며, 그의 유해는 에뎃사에 모셔져 있다고 전한다. 동방에서는 유다 사도를 토마라 부르지만, 서방에서는 토마 또는 토마 디디무스Didymus라고 한다. 이 나그 함마디의 『복음』은 그를 디디무스 유다 토마라 하였으니, 이 논고의 집필 장소를 결정하는 데 흥미 있는 요소가 된다.

메소포타미아에서는 이 사도에게 헌정한 많은 문학작품들이 꽃을 피웠다. 『토마 행전』은 그리스어와 시리아어로 남아 있다(그 당시 메소포타미아에서는 두 언어를 사용했음). 이 행전은 사도의 여행기인데, 나그 함마디에서 발견한 『복음』과 몇 가지 공통점이 있다. 토마는 시리아 그리스도교뿐만 아니라, ‘다른 종교운동’에서도 전례적典禮的 숭배 대상이 된다. ‘다른 종교운동’이라 함은 메소포타미아의 유다-그리스도교 환경에 깊이 뿌리를 내리고 있는 마니교를 말한다. 마니교 신자들은 대중 교회로부터 이단이란 혐의를 받아 그들의 경전과 아끼던 것들을 잃게 된다. 그래서 토마와 관련된 작품들이 이단 혐의를 받게 된 것이다.

나그 함마디에 콥트어로 보존된 『토마 복음』은 그리스어 원문에서 번역되었다. 몇 개의 그리스어 필사본 단편들과 콥트어 원문을 비교해 볼 수 있는데, 1897~1903년에 이집트 옥시린쿠스Oxyrhinchus에서 발견된 그리스어 단편들은 2세기 말이나 3세기 초에 씌어진 것으로 보인다. 이 단편들은 나그 함마디의 발견으로 『토마 복음』 구절임을 확신하게 되었다. 이 사실은 『토마 복음』이 콥트어로 번역되기 이전에 이집트에서 그리스어로 유통되었음을 말해 준다. 그리스어 원문은 다시 메소포타미아의 아람어 원문에서 번역되었을 것이다. 그래서 『토마 복음』이 1세기에 사도와 특별한 관계에 있던 이 지역에서 집필되었을 가능성이 아주 높다.

토마는 다른 사도들과 다르다. 그는 그리스도에게서 특전을 받은 사도다. 그 이유는 그의 이름이 의미하듯 그리스도와 쌍둥이이기 때문이다. 그리스어로 쌍둥이를 디뒤모스didumos라고 하며, 토마는 시리아의 대중적 어원 해석으로 쌍둥이toma(혹은 tauma)를 의미한다. 이 상징적 혈육친척 관계로 그리스도에게서 비밀 교육을 받는 이상적 중개자가 되는 것이다.

『토마 복음』은 114 성언들로 구성되어 있다. 그 말씀들에 역사적 신빙성이 있는가? 실제로 그리스도가 한 말씀들인가? 긍정적인 대답은 할 수 없다. 퓌에쉬의 저서(*En quête de la Gnose* II, *Sur l'Évangile selon Thomas*, Paris 1978)는 『토마 복음』을 대단히 오래된 전통으로 보는 사람들에게 조심스런 판단을 권한다. 114 성언 구절들 중에 몇 구절은 신약성서 복음에 알려진 구절들이고, 다른 몇 구절은 외경에 속하는 복음들 ─ 『히브리인들의 복음』, 『이집트인들의 복음』 ─ 에서 볼 수 있으며, 『토마 복음』의 고유한 구절은 40여 절에 지나지 않는다.

이 복음 구절과 신약성서 복음 구절을 비교해 보면 문제가 복잡해진다. 이 두 복음은 같은 원천을 전제로 할까, 아니면 『토마 복음』이 신약성서 복음에 의존하였을까? 신약성서 학자들뿐 아니라 영지주의 전문가들도 이 질문들에 접하고 있다.

『토마 복음』은 신약성서와 달리, 그리스도 일생에서 가장 의미 있는 순간들에 대해서는 침묵한 채 그의 비밀 교리를 전하기만 한다.

> 보라! 살아 계신 예수께서 말씀하시고, 디디무스 유다 토마가 받아쓴 비밀 말씀들을. 그가 말하기를, 이 말씀의 해석을 찾는 사람은 죽음을 맛보지 않으리라(서언과 제1 성언).

그리스도의 가르침을 금언aphorismes, 비유paraboles, 예언 말씀, 공동체에 하는 조언 형식으로 소개하였고, 짤막한 구절 속에 함축시켜 놓았다. 이 가르침의 열쇠는 자신에 관한 인식이며, 동시에 하느님에 관한 인식이기도 하다. 이 인식이 왕국의 문을 열어 준다.

> 왕국은 너희들 안에 있고, 또한 너희들 밖에 있다. 너희가 너희 자신을 알게 되면, 너희는 알려질 것이며 너희가 살아 있는 아버지의 아

들들임을 알게 되리라. 만일 너희가 자신을 알지 못하면 너희는 궁핍 속에 있고 너희 자신이 궁핍이 된다(제3 성언).

"궁핍"은 무지의 심리적 상태를 상징한다. 무지가 인간을 이 세상에서 도취와 혼수상태에 넣어 낙담케 하기 때문이다(제28 성언). 만일 인간이 내적 탐구를 통해 그곳에서 해방된다면, 그는 동시에 자신의 기원과 숙명에 대해서 의식하게 될 것인즉, 시작과 끝은 하나를 이루기 때문이다.

> 제자들이 예수께 "우리의 종말이 어떠할지 말씀해 주시오"라고 하니, 예수께서는 "너희는 종말을 찾기 위해 한처음을 발견하였는가?"라고 되묻는다. 이는 한처음이 있는 곳에 종말이 있기 때문이다. 한처음에 머물러 있는 사람은 행복하리니, 그가 종말을 인식하고 죽음을 맛보지 않을 것이기 때문이니라(제18 성언).

인식에 능통하기 위해서는 세상에서의 격리와 포기를 근본으로 하는 규율적 생활이 전제된다. 예수께서는 육肉과 체體, 성性과 번식은 썩은 시체밖에 안 되는 이 세상에 연루되는 것과 같다고 단죄한다(제56 성언). 결과적으로 『토마 복음』은 이상적인 수도생활을 구상한 책이며, 이 이상은 모나코스, 독수자[24]의 모습을 통해 실현된다.

---

[24] 전문가들(F. Morard, A. Guillaumont)은 모나코스(monakhos)라는 낱말의 유래를 연구하여 발표하였다. 그리스도교에서 모나코스는 '수도자'를 뜻하지만 이 어휘의 원래 뜻은 독수자(Solitarius)다. 사해 문헌의 '약하드'(יחד)와 시리아(아프라하트) 문헌에 나타난 '이히다'는 '계약의 자녀'를 뜻한다. 그리스도교에서 부르는 아나코레투스(Anachoretus, 은수자隱修者)와 수도원에 거주하는 수도자 체노비아쿠스(Cœnobiacus)는 그 이후에 발전된 낱말들이다.

독수자와 선택된 자는 행복하리니, 너희는 왕국을 발견할 것이다.
너희는 그 왕국에서 왔고 그 왕국으로 다시 돌아갈 것이다(제49 성언).

이 원문에서 독수자(모나코스)는 영지주의자를 가리키며, 영지주의자
는 무지 속에서 뒹구는 대다수의 사람들과는 다르다. 예수께 받은
계시로 영지주의자는 모나코스와 일치된다.

예수께서는 "나의 입에서 갈증을 푸는 사람은 나와 같이 될 것이며,
나도 그와 같이 되어, 숨은 비밀이 그에게 계시되리라"고 말씀하신
다(제108 성언).

· Ⅲ ·

전언의 상통相通과 그 영향권

1. 영지주의자들과 경전

영지주의자들은 언변에 능하다. 교부들은 끊임없이 신자들에게 경고하여 그들의 현혹적인 아름다운 연설을 믿지 못하게 했다.

영지주의자들은 또한 문필에도 소질이 있었다. 보존된 작품들을 보면, 저자들 가운데는 콩트 작가·신화 작가·철학자·신학자들이 있었음을 확인할 수 있다.

문체는 저자의 목적에 따라 다양한 형태를 띠었다. 어떤 기회에 그 본문을 읽거나 낭송하기 위해서 또는 전례나 종교적 모임을 위한 글로서, 아니면 저마다 교양이나 쾌락을 목적으로 훑어보거나 은밀한 방(秘密房)에 모여서 공부하기 위하여, 여행할 때 휴대용으로 지참하기 위해서 등이다. (예를 들어 그 당시 독일『쾰른 대학 마니교 필사본』처럼 주머니에 들어가는 소형 문고판 책들도 있었다.)

본문의 크기와 내용도 저자가 대상으로 한 독자에 따라서 다르다.

영지주의 문헌들은 대체로 두 종류로 구분한다. 곧 내부에 보급하기 위한 서적들과 외부에 보급하기 위한 서적들이다.

첫째 부류는 영지주의 수도회의 회원들을 대상으로 한다. 그들은 비의적 교육을 받은 사람들이다. 그 교육은 신자들이 영지 사상의 신비에서 진전을 보이는 정도에 따라 조절된다. 그러나 이 문헌들은 독자들이 기본 교리들을 이미 습득한 것으로 간주한다.

이 밖에도 영지주의 공동체의 선택된 사람들 — 영적 사람들 — 에게만 엄격하게 허용된 서적들이 있는데, 그 책들은 비밀로 해야 할 계시를 담고 있다. 대다수 서적들의 끝에는 공공연한 유포의 방지를 엄히 부탁하며, 때로는 놀라운 실체들을 불러내어 보호를 구한다(『외방인』 NH XI,3; 『제8위와 제9위에 관한 강화』 VI,6의 끝을 보라).

내부 보급을 목적으로 하는 서적들에도 공동체에서 낭송하기 위한 글이 있다. 그 내용은 천상적 실체나 천사들에게 바치는 기원과 찬송가와 기도 등이다.

둘째 부류에 속하는 문헌들은 공동체 밖으로 유포되어도 괜찮은 것인데, 그 목적은 개종시키는 데 있다. 이 문헌은 그들을 자연스럽게 개종시킬 의도로 영지주의 종교의 기본을 설명해 나간다. 저자는 영지주의 교리 밖에서 논증들을 찾으며 입교인들에게 (사색의) 지표를 제공한다.

끝으로 영지주의 신앙을 가지지 않은 저술가들이 편집한 문헌들이 있는데, 그들의 학설은 영지주의에 적용할 수 있는 것들이다. 이 문헌들도 영지주의 작품 속에 한 자리를 차지한다. 윤리적 금언이나 도덕적 질서의 권고 등이 이에 속한다. 예를 들어 『섹스투스의 금언들』(NH XII,1), 『실바노스의 가르침』(NH VII,4) 등이다. 첫째 문헌은 초세기에 놀라우리만치 널리 퍼졌다. 둘째 문헌은 영지 사상의 신화구조와 몇 가지 공통점이 있는 논고로서, 논고의 저작인명을 헤르메스 트리스메기스토스Hermes Trismegistos(삼첩대신三疊大神)라 부른다. 이 논고는 나그 함마디 필사본 제6권에 들어 있다.

2. 영지주의자들의 시대

2~4세기에, 로마 제국은 각양각색의 인종들과 백성들은 물론 수많은 종교들도 보호했다.

고대 말엽에 삼대三大 종교라 하면, 우선적으로 이교異敎·유다교·그리스도교를 꼽는다. 이교는 311년까지 국교였고 유다교는 계속 허용되었으며 그리스도교는 311년 갈레리우스Galerius 황제의 칙령까지 박해와 평화 시대를 반복하다가, 드디어 313년에 콘스탄티누스와 리키니우스Licinius의 칙령으로 전 로마 제국 시민들은 숭배의 자유를 허락받는다.

큰 도시에서 그리스도인들은 팔레스티나의 유산과 그리스 문화 사이에서 번민하였고, 전통적 이교 신자들은 신비적 색채를 띤 새로운 전례에 현혹되기도 했으며, 유다인들 중에는 시나고게의 엄격한 율법 준수를 떠나 더 영성적 해석에 치중하는 다른 공동체에 가담하는 사람들이 생겨나기도 했다. 1세기에 알렉산드리아의 필론Philon은 성서의 우의적 해석 체계를 세웠는데, 그 해석 방법은 그리스어를 사용하는 유다인들에게 성공적이었다.

이 종교들이 '우물 안 개구리'처럼 발전한 것은 아니다. 이론가들과 신학자들은 저마다 설전을 벌이며 서로를 견주어 보았고, 책자들을 교환하기도 했다. 그들은 학원에서 만나 서로 알고 지냈고, 서로 경멸할 거라면 차라리 묵인했다. 그들의 철학 이론들과 민족 고유의 전통과 신앙 교리들 사이에서 종교혼합주의(synctrétisme)가 시작된다. 이런 다양한 사연들이 서로 얽히며 정신적 발효로 성황을 이루는데, 이것이 혼란스럽고 복잡한 시대의 한 표상이 된다.

삼대 종교 밖에도 신비 숭배, 신비적 믿음 등이 수없이 나타난다. 이 숭배 사상들은 본디 생겨난 곳의 전통에 깊이 뿌리박고 있으면서 여행자, 상인, 군인들을 통해 옮겨가 전 로마 제국에 전파되었다. 이집트에 근원을 둔 이시스Isis 숭배는 로마에서 특히 상류층 부녀자들 사이에서 크게 유행했다. 미트라Mithra교(拜火敎)도 페르시아에서 시작되어 군인들의 이동에 따라 전 제국의 곳곳에 심어졌다. 비법종교秘法宗敎(hermétisme)는 헤르메스 트리스메기스토스에서 이름을 따왔는데, 이집트의 전통과 그리스 철학, 분명치 않은 유다적 사색 등이 복잡하게 융합된 종교로서 지중해 연안에 많은 추종자들을 가지고 있었다. 그 밖에 마술적 종교 예식은 지방 관습과 연결되어 대중계급에 많이 보급되었다.

저물어 가는 고대 세계는 특별히 종교적 반응이 다양한 시대였다. 사람들은 저마다 다른 수준에서 신성神性과의 접촉을 찾고 있었으니, 마술이나 강신술降神術(théurgique)을 통해 그들에게 필요한 도움을 받고자 신과 가까이하려 하거나, 아니면 순수한 지성적 사색을 통해 신과 직접 대면하고자 했다.

＊

이런 와중에서 영지주의자들은 어떤 위치에 있었는지, 그들은 어디서 왔는지, 그 뿌리는 어떤 것이었는지에 대해 일의적으로 답하기란 쉽지 않다. 결국 영지주의자들은 저마다 다른 나라에서 다른 안목을 지니고 왔다고 할 수 있다. 그들은 그리스, 이집트, 시리아에서 왔고 로마와 제국의 먼 지방에서도 왔다.

영지주의 문헌 연구를 통해 단정할 수 있는 것은 그들의 기원과 받은 교육, 그들을 키운 사회 환경, 그들이 침투한 종교적 분위기 등이 저마다 다르다는 점이다. 그들의 작품들은 역사의 악조건 때문에 그늘 속에 가려졌던 그들의 인격을 반영한다. 저자마다 자신의 문화적 유산을 상속받았고, 이 문화가 새로운 옷을 입고 선포하려는 전언 속에서 살아 움직이는 것이다.

3. 영지주의와 유다교

영지주의자들 가운데 유다인으로 태어난 사람[25]이 있다는 사실은 의심할 여지가 없다. 교부들은 사마리아 사람 시몬과 메난드로스에 대하여 이야기한다. 사마리아에는 반유다교적 계층이 있었다. 두 교사의 교리를 보면 그들이 유다 집안과 문화에서 태어났음을 알려 준다. 이들은 자신들의 고유한 전통을 여지없이 비판한다. 창세기의 신화를 다시 해석한 것과, 천사론(angélologie)을 악마론(démonologie)으로 대치한 것이 그 예다. 안티오키아의 사투르니누스도 마찬가지다. 그는 아담의 창조신을 다른 식으로 이해한다. 이런 도전적 태도들 역시 유다교에서 발전되었음은 알려진 사실이다.

나그 함마디의 많은 무명의 저자들이 유다 전통과 신화에 익숙했

---

[25] "태생 유다인"은 이교에서 전향한 유다인과 유다-그리스도인과 구분된다.

다. 창조사와 아담과 하와의 두 인물을 묘사하기 위해 『아르콘들의 실체』(NH II,4)와 『요한 비밀서』(NH II,1; III,1; IV,1; BG 8502,2)[26]의 저자들은 엄청난 먹물을 소모한다. 많은 저자들이 구약성서를 암기한 사람들이고, 성서의 면밀한 주해에 기쁜 마음으로 전념했다.

이들은 유다교 언저리에서 발전된, 곧 성서에서 제외된 풍부한 외경 작품들을 알고 있었다. 이 외경들은 영지주의자들이 엄청나게 인용한 전설, 신화, 모상模像들의 창고다. 유다인들이 쓴 몇몇 외경 작품들은 여러 나라 언어로 번역되었는데, 그 중 『에녹서』는 큰 보물로 『조스트리아노스』(NH VIII,1) 논고에서 자주 인용했다.

사회의 변방에 있던 유다인들에게 유행한 문학 장르는 묵시문학이다. 영지주의 저술가들은 이 장르를 끌어다, 이제 '올 세상'에 관한 계시와 종말론적 서술들을 엮어서 불안의 문학을 세운 것이다.

사해의 에세네파(Essenia, 기원전 1세기)는 이원론적 영감을 받은 문헌을 저술했는데, 그 이원론에 따르면 빛과 어둠이 우주에서 인간의 마음속에서와 같이 서로 대결한다. 어떤 영지주의 저술가들은 이런 사고의 흔적을 담고 있다.

사해의 종파는 신과 인간 사이를 잇는 중개적 천사를 특별히 숭상했다. 천사론에 대한 관심은 영지주의자들에게서 흔히 나타난다. 『초입자를 위한 대논고』(옥스퍼드 브루스의 필사본), 『이집트인들의 복음』(NH III,2; IV,2), 『외방인』(NH XI,3) 등이다.

교부들은 점성가 마르쿠스와 테오도토스가 영지주의 체계를 세우는 데 유다교 비의 학문의 하나인 계수학[27]을 사용했다고 증언한다.

---

[26] 베를린 필사본을 말한다. 숫자는 필사본 번호와 쪽수를 가리킨다.

[27] 計數學(arithmologie): 숫자에 관한 학문.

4. 영지주의와 이교 사상

1세기 철학자들의 학원에서는 대부분 플라톤을 공부했고, 플라톤의 저서에 우의적 해석이나 신비적 해석을 하도록 제안했다.

2세기 중엽에 철학자 알비누스Albinus/알키노오스Alkinoos가 제창한 중플라톤 철학은 부정신학théologie négative을 내세워 "알지 못하는 신"은 한마디로 정의할 수 없다고 했다. 인간의 언어는 "신이 아닌 바"를 말하는 것으로 만족해야 한다는 것이다. 왜냐하면 신의 속성은 인간이 꾸며낸 것이라 신에게 합당하지 않다. 이 신학적 접근은 많은 영지주의 저술가들을 유혹하였고, 그들은 이를 자기 것인 양 끌어들였다. 그러나 아무도 이것을 치밀히 정성껏 구상하지 않았다. 우리가 알고 있는 것은 영지주의 교사들이 쓴 소량의 글뿐이다. 어떤 영지주의자들은 그들의 동년배인 그리스도인이나 이교인들을 본떠 이 글들을 학교 교재로 쓰려고 복사했다. 로마 제국 시대에 고대의 지혜를 수록한 인용문집 등이 상당히 많이 유포되었다. 또 다른 영지주의자들은 신·인간·세상·여성 등 제목을 따라 나열하거나, 알파벳순으로 나열하여 쉽게 사용할 수 있는 참고 사화집詞華集(anthologies)을 만들어 웅변가들과 저술가들이 사용하게 했고, 연사들이 연설할 때 어느 정도 현학적 자극을 주어 맛을 돋우게 했다.

3세기 후반, 플로티누스는 이교 사상의 전환점을 이룬다. 이집트 태생인 이 철학자는 플라톤 철학의 유산을 충실하게 계승하고 고대 후기와 중세 사상의 기반을 놓았으니, 이것이 신플라톤 철학이다.

플로티누스가 로마에서 한 강의에는 당대의 모든 지성인이 참석했는데, 그 중에는 영지주의자들도 있었다. 영지주의자들은 자신에 대한 부단한 탐구라는 목적에 충실하고자 했으므로 이에 무관심할 수 없었다.

차이가 있다면 그것은 규모의 문제다. 플로티누스에게 신에 대한 인식은 모든 지성인이 오랫동안 연구한 결실이다. 영지주의자들에게는 이 인식이 신적 계시에서 시작되며 몇 명의 선택된 자들에게만 한정된다.

플로티누스는 복합 세계가 한 샘, 한 빛과 같이 하나에서 나왔으며, 하나에서 멀어질수록 느낄 수 없게 약해진다고 묘사했다. 몇몇 영지주의자들은 이러한 플로티누스의 사상을 이어받아 '신적 실체' hypostasis가 '충만'pléroma을 이루는 체계를 구상하게 된다.

플로티누스의 언어와 어휘는 영지주의 신화에 자주 사용되었고 그 신화의 세습적 인물들을 장식했다. 일부 나그 함마디 문헌들은 충분한 시간을 두고 신플라톤 철학에 젖어들었다. 『조스트리아노스』(NH VIII,1), 『마르사네스』(NH X,1) 그리고 『외방인』(NH XI,3) 등이 그것이다. 더욱이 플로티누스계 철학자들은 이 문헌들을 모르지 않았다. 플로티누스의 대변자 포르피리오스Porphyrios가 이 사실을 언급한다. 그러나 영지주의자들은 플로티누스 주변에서 성공할 수 없었다. 플로티누스의 저서, 특히 『엔네아데스』 제2권에 영지주의자들을 반대한 몇 가지 의견이 나오는데 그 이유가 무엇인지 추정할 수 있다.

플로티누스는 그들의 다변多辯, 철학 이론과 신화적 모상模像들을 혼합하는 것, 천사들에게 도움을 청하는 것, 그들의 기도문과 마술적 주문呪文 등을 들어 영지주의자들을 비난한다. 더구나 다채롭고 비유적 표현이 많은 동방 영지주의자들은, 더할 나위 없이 엄격한 그리스적 규칙 속에서 사는 이집트인의 마음에 들 리가 없었다.

5. 영지주의와 그리스도교

전해오는 문헌들의 내용으로 미루어, 많은 영지주의자들이 그리스도교 영역에 속한다는 것을 알 수 있다. 그들 작품의 방대한 부분이 그리스도교 역사의 거룩한 영웅들을 무대 위에 세운다. 예수와 예수 주변 인물이 가장 큰 비중을 차지하며, 스승과 제자들 사이에 진행되는 대화는 세상·신·인간의 문제를 다룬다.

그렇다면 이 영지주의 작품과 온전한 그리스도인이 쓴 문헌은 어떤 차이가 있는가? 그리고 다소 혼란스러운 대중적 신약성서의 외경과 무슨 차이가 있는가? 각 구절마다 그 속에 담긴 교리는 정밀하고 고집스럽고 광신적이다. 그 교리가 말하는 바는, 세상은 악 자체이며 인간은 그 세상에서 이탈해야 하고, 그리스도는 "알지 못하는 신"이 보낸 사자라는 것이다.

그리스도가 선포한 구원은 이 본문들을 통해 현실화되며, 세상 종말로 미뤄지지 않는다. 영지주의자는 지금부터 벌써 인식을 전달하는 계시를 듣고 구원된다.

영지주의는 명문 신학자들이 설계했다. 철학이 제공한 도구를 이용해서 "신적 실체"들이 꽉 찬 천상 세계의 도면을 그린다. 발렌티누스파의 영지주의 작품을 보면 많은 실체들이 명확히 그리스도교적 성격을 띤다. 그리스도와 교회는 아버지(聖父)에게서 유출된 한 "쌍"syzygie이며, 그와 함께 삼신설三神說(triade)의 기원이 된다.

영지주의자들은 사회·전통적으로는 그리스도교 품속에 터를 잡았지만, 대승교회大乘教會와 충돌을 빚는다. 그들은 전례·경문·성사 등에서는 공통점이 많아도, 그에 대한 해석은 전혀 다르다.

교부들에 따르면, 영지주의자들은 신성모독의 죄를 범하기까지 하며 성사의 고유한 의미를 뒤바꿨다고 한다. 예를 들어 에피파니우스는 그들이 신성을 모독하는 성체성사를 거행할 때, 그리스도의 살(빵)과 피를 남자의 정자와 여자의 피로 대치하여 제물로 하늘에 받들어 올린다고 진술한다. 그러나 직접 원천 문헌 어디에서도 그러한 사실이 확인되지 않는다.

발렌티누스파에 속하는 영지주의자들은 '고대' 성사 목록에 "신방"新房(chambre nuptiale)이라는 것을 첨가한다. "주님은 모든 것을 신비 속에서 행하시니, 이는 세례·병자·성체·구원·신방이다"(『필립보복음』 NH II,3: 67,27-30).

이 성사들이 영성적 차원에서만 집행되었는지, 아니면 실제로 행한 것인지 알아보자. 교부들에 따르면, "신방" 성사란 어떤 종파들에게는 성적性的 자유를 누리기 위한 하나의 구실에 지나지 않는다. 직접 원천 문헌에 따르면, 이 성사가 상징적 차원에서만 집행되었던 것 같다. 사실 "신방" 성사는, 육체의 결합을 부정하고 영혼과 영성의 결합을 선포함을 의미한다.

대승교회를 대치한 영지주의 교회는 유일하고 참된 전통과 비밀 권한 위에 세워졌으며, 따라서 그것은 베드로가 설립한 교회가 아니다. 이 교회는 엄중한 교계 제도를 가지고 말살할 수 있는 것이 아니었으니, 이 세상의 것이 아니기 때문이다.

영지주의자들은 그리스도교 안에서 성장하였기 때문에 자신을 그리스도인으로, 또는 자기들만이 참다운 그리스도인이라고 생각한다. 그들끼리는 영지주의자라고 하지 않았다. 이는 다만 교부들이 부른 이름이다. 그리스도인이라고 자칭하는 사람들에 맞서 대항하는 것은 전통 교회 교리를 위협하는 일이었다. 영지주의자들은 그리스도교 사상 안에 자리 잡은 섬세한 신학자들이고 탁월한 성서 주해자들이었으므로, 이들에 대적하기란 쉬운 일이 아니었다. 영지주의자들을 공동체에서 제거하기 위해서는, 그들을 그리스도교의 이단으로 내몰고 비非그리스도교 사상이라고 규정하는 것이 오히려 더 좋은 방법이었을지도 모르겠다.

언어 · 영상 · 상징을 통한 사색의 길

영지주의 교리는 언어 · 영상 · 상징을 통하여 인간에게 제기되는 근본적이고 큰 문제들을 풀어 나갈 복잡한 교시를 제시한다.

얽히고설킨 신화들과 여러 문화적 영향을 엿볼 수 있는 다양한 이론들 가운데서 우리는 몇 가지를 선택해야 할 것이다.

필자는 여기에서 인간 행로의 두 측면을 해석하는 몇 가지 사고를 소개하려고 한다: 이 세상에 머무는 인간 행로와 하느님께 귀화하는 인간 행로가 바로 그것이다.

인간학은 모든 사상 체계에서 우주론과 신학과 끊을 수 없는 연관을 맺고 있다. 그래서 필자는 세상과 신에 대한 영지주의자들의 개념을 설명할 것이다.

1. 육체는 감옥이다

영혼들은 그들의 운명과 첫 아버지의 뜻에 따라 노예 상태로 전락하였고, 에온Éon의 세계가 끝나기까지 형체를 가진 육신의 감옥에 감금된다(『세상의 기원』 NH II,5: 114,20-24).

나는 너를 감고 있는 두루마기tunique를 갈기갈기 찢어야 한다. (그 두루마기는) 무지의 헝겊이며, 악의 지주支柱, 부패의 사슬, 암흑의 막사, 살아 있는 죽음, 감각 있는 시체, 네가 운반하는 네 묘지, … 너는 이러한 원수들을 두루마기처럼 걸치고 있으며, 이 두루마기가 너를 질식시켜 네 눈이 상계를 보아 진리의 미美를 관조할 수 없게 하고, 너를 함정에 빠뜨릴 원수의 악의를 알고도 미워할 수 없게 하여 너를 하계로 끌어내리는도다(『헤르메스 총서』[28] VII, 2-3).

영지주의자들은 육체를 좁은 감옥방으로, 그 속에서 영혼이 찌들고 숨 막혀 하고 있음을 묘사한다. 세상의 모상이 되는 육체는 지옥의 막사와 같아, 인류는 미궁 같은 그곳에서 길을 잃고 만다.

이렇게 우리는 영지주의 교리의 기본적 관심사의 핵심을 보았다. 그것은 악의 문제인 것이다.

① 데미우르고스와 아르콘들

"세상은 악 자체다"라는 말은 그 창조주도 악함을 암시한다. 결론적으로 말해, 이 세상을 무한히 악하게 창조한 신이라면 무한히 선한 진리의 신일 수 없다.

영지주의자들은 이 확신을 뒷받침하기 위해 우주와 인간 창조를 둘째 신 데미우르고스Demiourgos(그리스어: 하계의 창조주)에게 책임지운

---

[28] 『코르푸스 헤르메티쿰』(*Corpus hermeticum*)이라고 부른다. 이 총서는 노크(A.D. Nock)가 그리스어 원문 설정을 하고 페스투지애르(A.-J. Festugière)가 프랑스어로 번역하여, 1938년(초판), 1960년(개정판)이 파리(Société d'édition *Les belles lettres*)에서 네 권으로 출판되었다. 저자가 인용한 부분은 일곱째 논고에 해당하며, 제1권 81-2쪽에 있다. 영지주의자들이 이 총서를 사용한 데 대해 이미 앞에서 이야기한 바 있다.

다. 그의 권능은 진리의 신과 동등하지 않지만 — 이 점에서 영지주의는 마니교처럼 극단적 사상 체계가 아니다 —, 그의 검은 날개로도 인류의 역사를 충분히 덮는다.

영지주의 신화에서 데미우르고스는 천상 에온들의 마지막 존재인 소피아의 아들이다. 소피아는 (성적) 짝도 없이 플레로마 밖으로 추락하여 물질을 조성하고 기괴한 조산아早産兒(avorton)를 낳는다. 이 조산아는 악하고 거만하기 짝이 없으며, 곧바로 소피아의 손에서 빠져나간다. 그래도 이 피조물은 어머니에게서 받은 지성의 연약한 빛을 소유한다.

영지주의자들은 데미우르고스를 구약성서의 하느님과 동일시하며, 그들의 창조 이야기는 창세기를 뒤죽박죽 뒤섞어 재연한다. 그러나 여러 교리 체계들마다 데미우르고스에게 다양한 이름을 부여하는데, 유다인들이 이름을 지었다고 상상하게 하는 신명神名도 있다. 예를 들어 『요한 비밀서』(NH II,1)에 따르면, 그 신의 이름은 얄다바오트Yaldabaoth다.[29] 얄다바오트는 물질 속으로 파고들어 창조를 시도한다. 먼저 아르콘들archontes은 불길한 세력을 만들어 두 번째 창조를[30] 위해 얄다바오트를 보좌하게 한다. 이것이 곧 첫 인간 아담의 창조다.

---

[29] 히브리어로 Yalda(딸)와 Sabaoth(천사들의 군총軍摠)를 임의로 합성한 어휘로 본다.

[30] 알렉산드리아의 필론의 영향인 듯하다. 하느님께서는 먼저 이상(理想)의 천상 세계를 창조하시고(제1 창조), 그 모상을 따라 지상 세계를 창조하셨다고 한다(제2 창조). 이러한 해석은 영지주의뿐 아니라 교부들의 문헌 — 예를 들어 대 바실리우스의 「6일 창조에 대한 강론」 — 에서도 읽을 수 있다.

② 아담의 창조

　상계 신의 영상映像(image)이 물 위에 비치는 것을 보고 얄다바오트는 주동자 일곱 아르콘들과 함께, 그 영상대로 첫 인간을 형성할 것을 결정한다. 아르콘들은 먼저 영혼을 형성하고 아르콘마다 그 영혼 속에 물질 요소substance를 하나씩 불어넣는다. 그리하여 아담은 골격의 영혼, 신경의 영혼, 육체의 영혼, 골수의 영혼, 피의 영혼, 피부의 영혼, 털의 영혼을 받는다. 그러나 아담은 이 조립 상태로는 아직 서지 못한다. 아담은 비참하게 기어다니며 자신을 창조한 아르콘들의 무능함을 증거한다. 아담을 불쌍히 여긴 소피아는 꾀를 내어 아들 얄다바오트를 데려와, 자기가 전해 준 빛의 영을 아담에게 조금 불어넣는다. 그리하여 얄다바오트, 곧 데미우르고스는 자기의 권능을 잃게 되며, 그 대신 아담은 권능을 받아 소생한다. 데미우르고스는 아담이 자신과 자신의 자녀들보다 더 우세함을 알아차리고, 아담의 영을 죽이는 것을 유일한 낙으로 삼는다. 데미우르고스는 음모를 꾸며 첫 작업으로 육체를 창조한다. 이 육체가 자신의 무게로 첫 인간을 질식시킨다.

　365 천사들이 아담의 육체 창조에 시중을 들며 천사마다 한 지체를 형성한다. 『요한 비밀서』는 아담의 지체를 나열하면서 육체 기능의 기괴한 연쇄 관계를 해부한다.

　아르콘들의 사신설四神說(tétrade)은 아담에게 열정, 곧 쾌락 · 욕망 · 고통 · 공포를 준다. 그래서 모든 악은 열정에서 시작된다. 땅 · 물 · 불 · 바람의 네 원소가 아담의 질료를 형성한다. 이러한 관점에서, 첫 인간은 물질의 지배 아래, 죽음의 그림자 속에, 암흑과 욕망의 무지 속에, 접합된 육체의 묘지 속에 자리를 잡는다. 강도, 곧 아르콘들이 인간의 육체를 "망각의 쇠사슬"로 결박해 놓아 아담은 죽어야 할 존재가 된 것이다(NH II,1: 21,4-13). 아르콘들은 아담을 낙원에 자리 잡게 했다. 그것으로 아르콘들의 첫 단계 음모가 실현되는데, 아담에게 생명을 주었다는 사실은 그에게 죽음을 준 것과 매한가지다.

③ 속임수 ― 위조하는 영

이 순간부터 어처구니없는 속임수가 짜여지고, 지상 생활은 여하를 불문하고 빠져나갈 수 없게 된다. 속임수의 목적은 인간과 그의 영혼을 성적으로 유인하는 데 있다. 불결하다고 판정된 성관계는 인간뿐 아니라 전 우주의 체계를 통치하게 된다. 자연의 자궁은 악마의 정액으로 임신하게 되며, 인류의 연극을 상영하는 극장이 된다(『셈Sem의 풀이』 NH VII,1에서 취한 표현). 성 본능의 발현은 아담의 무거운 사슬을 고정시킨다. 그의 동반자인 하와는 첫째 아르콘인 뱀의 유혹에 빠진다. 뱀은 "아담과 하와가 '욕망으로 타락하여 빚어낸 열매'를 먹도록 설득한 것이다"[31](『요한 비밀서』 NH II,1: 22,12-15). 이처럼 인간 발생 과정은 아담으로 시작되며 전 인류를 종속시키고 역사의 뼈대를 형성한다. 결국에는,

> 첫째 아르콘부터 시작한 성적 거래가 지금까지 계속된 이유는 그가 번식의 욕망에서 씨를 뿌려 아담을 낳게 하고, 성적 거래로 그 후손들에게 육체를 걸치게 했으며, 위조하는 영으로 무장시켰기 때문이다(『요한 비밀서』 NH II,1: 24,26-33).

---

[31] 아담과 하와가 "욕망으로 타락되어 빚어낸" 출산은 낙원 한가운데 있는 선악과나무 열매의 우의적 해석일 것이다.

위조하는 영antimimon pneuma은 영지주의 사색의 전형적인 개념이다. 이는 가상이나 착각을 수단으로 삼아 가치를 뒤집고, 실제를 허위로 허위를 실제로 변환할 수 있는 마력을 말한다. 그리하여 인간이 지표指標를 잃고 자신의 무지를 지식으로 해석하여 자신을 둘러싼 우주의 환상을 간파하려고 하지도 않는다.

암흑의 불은 빛의 위조로, 영혼을 혼란시킨다. 『용사 토마의 책』이 설명하기를,

> 이 불은 기만이다. 왜냐하면 그가 인간들에게 진리의 환상을 주고, 인간을 어둠의 감미로움에 가두어 놓기 때문이다(NH II,7: 140,21-24).

이 환상은 광증狂症으로 통한다.

> 너희는 광적으로 웃으며 즐거워한다. … 그러나 너희는 암흑과 죽음 속에 있다는 사실을 이해하지 못한다. 아니, 너희는 불 때문에 도취되었고, 마음이 혼란스러워진 것이다. … 독약과 원수가 주는 잔은 너희에게 감미롭다. 어둠은 너희에게 빛처럼 보인다(NH II,7: 143,23-31).

『실바노스의 가르침』이라는 논고도 같은 뜻으로, 곧 환상에 사로잡힌다는 뜻으로 해석된다.

> 인간은 어둠을 빛인 줄 알고 따라간다. 그는 썩어가는 물을 마시면서 그 물이 맑다고 확신한다. 그는 자기를 친구처럼 소개하는 원수의 속임수를 알아차리지 못한다(NH VII,4: 80,30-35; 95,12-15).

『필립보 복음』도 오류가 진실로 대치되는 과정을 묘사한다.

> 지상사地上事에 준 이름들은 기만이다. 이 이름들이 진실로 향하는
> 우리의 사색을 거짓으로 유인하기 때문이다(NH II,3: 53,24-26).

아르콘들은 자기네 왕국을 건설하기 위해 이름들을 가지고 마술을
부린다.

> 이들은 인간을 기만하려 했다. 이들은 인간이 사실상 선한 것들과
> 관계를 맺고 있음을 보았기 때문이다. 그리하여 이들은 선한 것들의
> 이름을 취하여, 그렇지 않은 것들에게 준 것이다. 곧 이들은 이름으
> 로 인간을 기만했다. … 이들은 결국 인간의 자유를 무효로 하고 항
> 상 자신들의 노예가 되도록 한 것이다(NH II,3: 54,19-31).

④ 운명과 시간의 창조

아르콘들은 아담을 육체 속에 감금한 것만으로는 만족하지 않는
다. 그들의 감옥 체제를 완성하기 위하여 운명이란 것을 창조하고
시간을 발명하게 되었다. 시간은 인류의 노예 기간을 날ㆍ달ㆍ해로
박자를 맞추게 한다. 각 시간의 구분은 아르콘들에 의하여 규정된
다. 영지주의자들이 하이마르메네heimarménè라 부르는 운명은 바꿀
수 없는 숙명으로 시간과 공간의 기능에 근거를 둔다. 아르콘들이
동반자들과 간음을 저지른 결과, 운명이라는 테두리 속에서 인간 역
사가 전개된다.

이것이 고통의 근원이며 그곳에 신들, 천사들, 악마들, 전 세대들이 오늘까지 연루된 것이다. 모든 악행, 모든 폭력, 모든 신의 모독, 망각과 무지의 쇠사슬, 모든 계율, 대죄, 큰 공포가 운명에서 비롯된다. 그리하여 인간이 하늘에 계신 하느님을 인식할 수 없을 정도로 (천지)창조는 무분별하게 되었다(『요한 비밀서』 NH II,1: 28,21-29).

인간이 신에게서 멀어지는 것은 아르콘들이 꾸민 음모의 궁극적 목적이다. 그는 망각 속에 파묻혀 있어, 환상을 피하고 사실을 되찾기 위해서는 기약할 수 없는 요원한 길을 매진해야 할 것이다.

⑤ 역사와 시간의 개념

이 신화적 그림 속에서 영지주의의 기본 사고가 흘러나온다. 시간으로 이어지는 역사는 하느님의 섭리와 관계가 없으므로, 시간과 공간을 초월하는 영지주의 사고에는 아무 가치가 없다. 결국 하느님이 세상을 창조한 것이 아니다. 그가 역사에 개입한 유일한 목적은 인간이 처한 진퇴유곡에서 그들을 구출해 내는 것이었다. 영지주의자들의 표현에 따르면 하느님이 역사에 개입한 것은, "역사를 산산이 쪼개어 그 속임수를 계시하는 데 있다"고 한다.[32] 여기서 영지주의 사상과 그리스도교 사상이 얼마나 동떨어져 있는지 예측할 수 있다. 곧 그리스도교 사상에서 역사는 하느님이 창조한 세상에서 하느님이 원하신 것이고, 구원받을 가치가 있으며, 그리스도의 재림과 인간의 구원을 준비한다.

---

[32] H.-Ch. Puech, La Gnose et le temps, *En quête de la Gnose* I, Paris 1978, 244.

⑥ 감금된 영혼들

　물질 속에 감금된 아담의 몫은 모든 영혼의 몫과 같다. 영지주의 저술가들은 아담의 비극적 모험에 대해서 장황하게 묘사했다. 그 모험을 묘사하기 위해서 자주 소설적(가상적) 설화 양식을 적용했다. 이 문학 장르는 비유적 표현 양식으로 독자들의 주의를 끌었고, 비유의 메시지는 영지주의자들에게 생활 규범이 되어야만 했다. 이는 곧 세상을 경멸하고 물질 속에 스민 영靈(esprit)을 재발견하는 것이다. 나그함마디 필사본인 『영혼에 관한 주석』(NH II,6)은 온통 영혼의 모험에 대한 이야기에 집중되어 있다.

　저자는 영혼의 고통을 표현하기 위하여 영혼을 여성의 모습으로 그리며, 성적性的 장면을 연출한다. 영혼은 동정녀이며, 남녀 양성인 채 아버지 곁에 매달려 있다가, 그 신국神國에서 갑자기 추락한다는 이야기가 전개된다. 그리하여 그 영혼은 자기의 모든 불운의 원천인 육체에 내려온다. "(영혼은) 육체에 떨어져 현생現生에 들어왔는데, 강도와 교만한 인간의 무리를 만나 그들의 손에 이리저리 끌려다니다가 불결하게 되었다"(『영혼에 관한 주석』 NH II,6: 127,25-29). 현생으로 추락한 영혼은 오랜 세월 동안 성적 노예 상태로 육체라는 감옥 속에서 쇠사슬에 얽매여 있었다. 강도 — 아르콘 — 들에게 강간을 당하고 자신을 매음에 내맡기기까지 한다. 그녀는 애인들에게 실망하여 이 사람 저 사람 사이를 떠돌고, 그들은 그녀를 힘으로 유혹하거나 기만적인 선물로 그녀의 마음을 산다. 어떤 이들은 강제로 성폭행하며 노예로 삼는다. 이 불결한 성관계로 자녀들을 낳게 되는데 이때 태어난 자녀들은 정신장애자가 되어, 어머니가 저지른 간음 행위의 표적을 달고 다닌다.

영혼 추락의 결과는 자신의 천상적 원천에 대한 망각이고, 따라서 무지다. 아담을 위시하여 영혼은 물질에 눈이 어두워져, 오로지 자신의 비좁은 감옥밖에 모른다.

그러나 감옥의 어둠 속에서도 구원이 실현될 희망은 있다. 『영혼에 관한 주석』에 따르면, 영혼은 의식을 회복하여 자신의 타락을 깨닫고 회개한다. 절망에 빠진 영혼은 새로 찾은 명철明哲로써 상계에 있는 아버지께 도움을 청하고, 아버지는 그의 호소에 대답한다. 그래서 영혼은 천상에 있는 집과 옛사랑의 유일한 배필과 아버지를 그리워한다. 이로써 귀향의 긴 여행이 시작된다.

『진주의 찬가』*Hymne de la perle*에 이와 유사한 장면이 있다. 이 찬가는 우의적 시로, 그리스어와 시리아어 『토마 행전』에 보존되어 있다. 여기서는 영혼이 젊은 왕자의 모습으로 나타나는데, 왕자는 아버지에게서 위험한 사명을 받아, 동방에 있는 자기 궁전을 떠나 서방에 있는 나라로, 용이 지키고 있는 귀중한 진주를 찾으러 간다. 우의寓意의 베일에 가린 진주는 어둠 속에 숨어 있고, 아르콘들이 가둔 광채의 불꽃을 상징한다. 젊은 왕자의 여행은 곧 악몽으로 변한다. 여기서 아르콘과 동일시되는 이집트인들은 언제나 영지주의에서 부정적 상징으로 드러난다.[33] 이집트인들은 이 젊은이를 속이고 그에게 음식과 술을 먹여 깊은 잠에 빠지게 한다.

『영혼에 관한 주석』에서 영혼의 노예화는 성적 관계로 표현되었으나, 여기서는 색깔을 바꾸어 술에 취해 빠진 잠으로 표현한다. 결

---

[33] 초세기에 유다 성서 주석을 비롯하여 교부들과 영지주의자들도 함의 후손인 이집트인들을 성적으로 문란하다고 보았고, 이집트는 우상숭배의 땅이라고 해석하였다.

과는 둘 다 똑같이 '망각'이다. 왕자는 이렇게 말한다.

> 나는 왕의 아들임을 잊고 그들의 왕에게 봉사했노라. 진주 때문에
> 내 부모들이 나를 사신으로 보냈으나 나는 진주를 망각했노라. 그들
> 의 음식이 너무나 무거워 나는 깊은 잠에 들었노라(시리아어판, 34-35절).

다음 사건은 왕자를 고초苦楚에서 구해 낸다. 신을 향한 영혼의 의식
이 아니라, 상계에서 오는 호소가 왕자를 잠에서 깨우고 그의 의식
을 불러일으킨다. 『진주의 찬가』는 비유적 언어를 사용하여 부모들
이 왕자에게 보낸 편지를 상계의 호소로 대치한다.

> 잠에서 깨어나 일어나라. … 네가 왕의 아들임을 기억하라. 너의 노
> 예 상태와 네가 봉사하는 주인을 알아보아라. 네가 진주 때문에 이
> 집트에 간 사실을 기억하라(시리아어판, 43-45절).

편지는 날아가다가 독수리로 변하고 왕자 곁에 와서 다시 말(목소리)
로 변한다.

> 그의 목소리에 나는 잠에서 깨어 일어났노라(시리아어판, 53절).

⑦ 구세주

구세주는 상계에서 하느님 곁으로 영혼을 인도하려고 서두른다.
구세주는 영靈이며 영혼을 대신한다. 그리고 이 지상 일에 타협하
지 않는다. 그의 역할은 영혼을 인식 가까이에 데려가는 일이다.

『영혼에 관한 주석』에서, 인식은 다시 찾은 '일체'—體(unité)에서 시작하는데, 일체는 혼인 예식의 비유로 영혼과 영이 신랑과 신부처럼 하나 된다. 그러므로 영혼은 매춘부의 생활을 청산하고 플레로마의 표상인 신방 — 침실 — 에 다시 돌아온다.

그와 반대로 『진주의 찬가』는 그림이 훨씬 더 복잡하다. 왜냐하면 보는 사람들이 인물의 이중 역할을 참관하기 때문이다. 왕자는 세상에 추락하는 영혼인 동시에, 상계에서 파견되어 진주를 꺼내야 하는 영이다. 왕자는 아르콘들의 술잔 밑으로 추락하여 그도 역시 구세주가 필요하다. 이 구세주는 아버지 곁에서 안전을 누리던 빛나는 '제 2의 나'(alter ego)다. '빛의 옷'으로 차려입은 구세주는 왕자를 맞이하러 가면서 그를 구하기 위해 애쓴다. 이 '빛의 옷'은 '나'이며 왕자와 구세주는 하나가 되는 것이다. 해방된 왕자는 자기 자신을 입고 이제 진주인 영혼을 구원한다.

'구원된 구세주'라는 영지주의 명제는 여기서 신화적 형상으로 그려진다. 이 명제는 그리스도교적 동기를 지닌 영지주의 문헌에서도 다시 발견되며 예수 그리스도의 인격에 적용된다.

구세주는 인간의 구원을 위해 지상에 내려왔고, 주어진 기간 동안 인간과 운명을 같이한다. 그러나 교회에서 가르치는 그리스도론처럼 세상과 하계의 고통에 의미를 주려는 목적에서가 아니고, 이 세상에서 타락한 빛의 불꽃을 구하기 위해서다. 영지주의의 구세주는 세상에는 전적으로 낯설다. 세상에 강림할 때 입은 육체는, 다만 우주적 세력 — 천사나 아르콘 — 들의 눈에 띄지 않게 영혼을 구출하려는 임시 방편에 지나지 않는다. 구세주는 아르콘들의 기만을 기만으로 갚는다. 그의 수난과 십자가에 못박힘은 세력들을 속이기 위해서이며 고통은 그저 겉보기에 그런 것일 뿐이다. 예수께서는 십자가에 못박힌 흔적을 보고 진짜로 죽었다고 생각하는 아르콘들의 믿음을 비웃었다.

영혼은 상승하면서 멀고 위험한 여행을 하며, 천체 속에 산재한 함정들을 피하기 위해 유일한 대책으로 교활하게 위장한다.

2. 천체를 통한 상승

① 영혼의 상승

인식을 찾은 영혼은 천상 고향으로 돌아갈 준비를 한다. 하늘에는 아르콘들이 우글거리며 그들의 사명은 영혼을 감옥에 가두는 일이다. 천체의 층마다 세관원들이 나와서 그들 — 영혼들 — 에게 세금을 거두며, 무기를 든 복수의 천사들이 그들을 위협한다.

영지주의자들은 그들 저서의 많은 지면을 '천상 여행'이라는 명제에 할애하지만, 사실 이 명제는 그들만의 명제가 아니다. 벌써 유다 묵시문학가들이 이 명제를 특별한 제목으로 다루었다.

영지주의자들이 사용한 어조는 비극적이다. 신비와 비밀에 가린 위험한 우주를 횡단하는 것뿐 아니라 악의 세력들이 지키는 하늘을 뚫고 나갈 문제도 해결해야 하기 때문이다.

귀향 길을 가로막는 장애물들을 넘어서기 위하여 영혼은 지식과 정교한 기술을 습득해야 한다. 이것이 영지 사상의 실천적인 면을 구성한다. 만반의 태세를 갖춘 아르콘들 앞에 아무 장비도 없는 영혼은 교활한 지성에 호소하게 된다. 이 교활한 지성은 첫째로 요술 같은 말의 힘, 곧 암호 · 주문 · 영혼이 적절하게 발언할 문구와, 둘

째로 표적의 힘, 곧 인감印鑑·상징·영혼에 새겨진 문신文身에 근거
를 둔다.

영혼은 여행을 감행하기 전에 구세주가 계시한 이 모든 지식을 터
득해야 한다.

많은 영지주의 문헌에는 구세주를 예수라고 부른다. 그는 영혼이
천체들을 지날 때 지켜야 할 행동 방침을 제자들에게 가르친다. 이
교육의 목적은 영혼들이 상승할 때 아르콘들이 묻는 질문에 어떻게
대답할지를 제시하는 데 있다. 이것으로 영혼은 여행을 무사히 마치
게 된다. 『야고보 첫째 묵시록』은 이렇게 말한다.

> 네가 체포되어 고통을 당할 때 수많은 무리가 너를 잡으려고 무장할
> 것이다. 세 인물이 너를 둘러쌀 것이니, 그들은 하계에 자리 잡은 세
> 금징수자들이다. 이들은 세금을 강요할 뿐 아니라 영혼까지 강탈한
> 다. 네가 그들의 손아귀에 들어가면 파수꾼이 너에게 "너는 누구냐?
> 어디에서 왔느냐?"고 물을 텐데, "나는 선재하는 아버지에게서 온
> 선재하는 아들이다"라고 너는 대답할 것이다(NH V,3: 33,2-24). 그가 너
> 더러 "어디에 가느냐?"고 물으면, "나는 내가 온 곳으로 간다. 나는
> 그곳으로 돌아간다"고 대답하라. 네가 만일 이렇게 대답하면, 너는
> 그들의 공격을 모면할 것이다(NH V,3: 34,16-20).

영혼을 위해 가장 적절한 대답은 자신의 근원을 일깨우는 신성을 선
언하는 데 있다. 그는 말로써 보호용 갑옷을 만들어, 아르콘들이 접
근할 수 없도록 그들을 어찌할 바를 모르게 한다. 반이단론자 에피
파니우스의 문헌에 따르면, 영혼이 아르콘들의 왕국에 속함을 거부

함으로써 같은 목적에 도달한다.

영혼이 하늘에 올라갈 때 무엇을 말해야 하는지, 상층 세력들에게 어떻게 대답해야 하는지 구세주는 나에게 계시하셨다. "나는 내가 누군지 알게 되었고, 흩어진 내 지체들을 다시 모았으며, 아르콘들을 위해 출산을 파종播種하지 않았고, 오히려 나는 그의 뿌리를 뽑았노라. ⋯ 내가 누구인 줄 아니, 그 이유는 내가 상계에서 온 존재들 가운데 하나이기 때문이니라"(『약상자』 26).

말의 권능 외에도 신호의 권능이 있다. 『바울로 묵시록』(NH V.2)에서, 영혼이 통과 허가증과 같은 인장印章(semeion)을 만들어 보이면 천체의 문지기가 뒤로 물러선다.

영지주의 작품이 보존한 한 교본은 별들이 여행할 때 지켜야 할 태도를 기록한다. 브루스의 필사본에 들어 있는 『초입자를 위한 대논고』에는 예수께서 무수한 조언과 기술을 제공하여, 하늘과 하늘 사이를 통과하게 한다. 이 책은 천체를 도표로 그려 설명하면서 영지주의자들이 하늘들을 어떻게 상상했는지 개괄적으로 묘사한다.

영혼의 재상승再上昇은 구세주가 그를 구원하기 위해 강림한 것을 재연하는데, 똑같은 방법을 사용한다. 히폴리투스가 전하는 나아센파Naassènes의 시편에는 구세주가 천체의 하계로 내려오는 여행을 다음과 같이 묘사한다.

영혼은 악에서 빠져나갈 수 없는 불행한 미로에서 헤매며 ⋯ 혹심한 카오스를 피하려 하지만 어느 쪽으로 가야 할지 모른다. 아버지여,

그 영혼을 위하여 저를 보내소서. 제가 인감印鑑을 가지고 내려가리
다. 모든 에온들을 지나 모든 신비를 계시하리다. 손가락으로 신들
의 모습을 보여 주리다. 영혼에게 인식을 일깨우면서 거룩한 길의
신비를 공개하리다(『논박서』 V,10,2).

영혼이 재상승할 수 있도록 구세주는 그에게 길을 가르쳐 주고 아르
콘들의 권능을 파괴해야만 했다. 이로써 본보기를 만들었다. 구세주
는 또 자신의 신성을 재확인하여 영혼에게 세력들 — 아르콘과 천사
들 — 을 피할 수 있는 구원의 길을 연다.

② 영지주의자의 상승

영혼의 천상 여행은 현실에 적용되기 위해 이제 신화적 영역을 벗
어난다.

반이단론 교부들이 확인한 바로는, 과연 어떤 종파들은 전례를 행
하여 죽어 가는 사람들이 하느님께로 무사히 돌아가도록 한다고 말
한다. 이로써 영지주의 종말론이 실현되었고 이는 개별적 종말론과
같다.

이 전례의 목적은 구원이다. 인식gnosis을 획득한 다음의 단계는 재
생régénération이다. 이 재생 없이는 충만pleroma에 들어갈 수 없다.

진행될 전례의 모습은 마르쿠스파[34]에 대한 이레네우스의 기록에
서 찾아볼 수 있다. 반이단론자 — 이레네우스 — 는 상대방을 매우
비판적으로 논박한다. 그들의 예식은 종파들마다 다르다. "구원의

---

[34] 점성가 마르쿠스(Marcus)에서 옴.

종류는 비의전수자(mystagogue)의 수와 같다"(『반이단서』 I,21,1-2). 전례를 단계별로 나눈다면 먼저 기름과 물을 섞어 임종한 사람의 머리에 붓고 주문을 외운다. 이 행위의 즉각적 효과는 임종하는 사람이 아르콘들의 눈에 띄지 않고 잡힐 수 없게 하는 것이다. 임종한 다음 영지주의자는 임종 전에 배운 한 문구, "나는 선재하는 아버지에게서 난 아들이며, 선재하는 분 안에 현존하노라. 나는 모든 것을 보기 위해 왔노라. … 나는 내가 온 원영역原領域으로 돌아가노라"를 선언해야 한다(『반이단서』 I,21,5).

앞에서 언급한 『야고보 첫째 묵시록』에서도 영혼이 아르콘에게 선언하는 이와 유사한 내용이 있다. 초입자는 이 선언을 통해 세력들 — 아르콘과 천사들 — 을 피하게 되는 것이다.

그러나 여행이 끝난 것은 아니다. 육체를 우주에 버려둔 채 보이지 않는 공간 위로 오르면, 영지주의자는 데미우르고스를 둘러싼 천사들에게 이른다. "나는 너를 안다. 내가 어디서 왔는지도 안다"라고 말하면서, 영지주의자는 아버지의 항구불변한 지혜에 도움을 청한다. 천사들은 동요되어 자기들의 근원과 자기들을 창조한 어머니의 족속族屬을 불평한다. 초입자는 자기의 영혼을 버리고 떠난 그곳으로 귀향한다(『반이단서』 I,21,5). 결국 영지주의자는 정화된 영靈으로 "충만"과 다시 합류한다. 인간의 세 가지 요소, 곧 육체·영혼·영 중에 마지막 요소만이 구원받을 자격이 있다.

인식에 도달하지 못한 영혼의 운명은 세상 종말까지 다른 육체들 속을 윤회輪廻한다. 현실화된 종말론은 천체가 무너지는 최후의 심판을 배제하지 않는다.

3. "나는 너고, 너는 나다" — 혼례적 신비

영지주의 사상은 정반대의 극을 통해 기능을 발휘한다. 그래서 영지주의자들의 본문은 보기 드문 긴장 관계를 빚어낸다. 기본적 이율배반론二律背反論(antinomie)은 상·하로 구성된다. 상·하 두 극을 둘러싸고 이율배반적 어휘들로 망網 전체가 조직되고 편성되며, 하극下極에는 부정적 속성이, 상극上極에는 긍정적 속성이 부여된다. 상반되는 두 극의 특징은 무지와 인식의 대립이다.

이로써 영지주의 저술가들은 자기네 상징적 언어의 뚜렷한 무질서를 뛰어넘어 영상과 은유들을 엄격한 양극 구조에 따라 정돈하며 정밀한 논리에 순응한다.

하계의 세상이 아르콘들에 맞서 싸우는 영혼들의 맹렬한 전쟁을 상연하는 극장이라면, 상계上界는 휴식—평화를 상연하는 곳이다. 불안은 안도로 바뀌고, 경악은 즐거움으로, 부족한 창조의 무질서는 에온들의 완전한 질서로, 성의 불결함은 정결함으로, 추함은 반짝이는 아름다움으로, 불화의 고성高聲은 천상적 고요함으로, 불만족스러운 일시적 욕망은 영원한 충만으로, 죽음은 삶으로 대치된다.

이런 은유들과 그 밖에 다른 은유들이 불안하게 하는 내용과 안심시키는 내용을 번갈아 엮어 가며 영지주의 문학을 일구어 낸다.

영지주의자들은 천상 세계 전체를 긍정적으로 그려내기 위해 강한 상징을 사용해야만 했다. 그들은 혼인의 상징 속에서 그리고 상징을 둘러싼 은유들의 풍부한 행렬 속에서 그 수단을 발견한 것이다. 그들이 연속되는 본문들 속에 담아놓은 혼인의 신비는 인류 사상사의 위대한 신비적 구상들 가운데 한 자리를 차지하게 되었다.

① 천계天界의 혼인

영혼과 영, 영지주의자와 '제2의 성'의 합일을 묘사하는 데 혼인보다 더 좋은 상징이 또 있을까? 풍부한 상상력을 자극하는 이 상징은 거대한 무대에 세워 무수한 우의적 드라마를 연출할 만하다.

두 배우, 두 약혼자는 화려하게 치장하고 신방은 빛과 향수로 황홀한 분위기를 자아낸다. 전체를 지배하는 사랑은 고상하고 순수하니, 이 혼인은 지상적인 것이 아닌 천상적인 것이기 때문이다.

영지주의 저술가들은 이 명제를 다르게 각색한다. 곧 발렌티누스파의 긴 사색적 원문은 철학적 구상일뿐더러, 미묘한 색정으로 그려진 공상적 소설이기도 하다.

혼인은 충만의 상징이며 그 상징은 여러 가지 특성을 지닌다.

혼인은 인식의 상징이다. 영혼이 아버지의 집을 떠나 모습도 잊었던 자기의 신랑을 되찾고 자신의 기원을 되새기게 된다(『영혼에 관한 주석』 NH II,6: 132,21-25).

혼인은 진리의 상징이다. 아르콘들과 맺은 거짓 합일인 하계의 술책과 허위와는 대조적으로, 영혼이 합일하는 애인은 진실한 신랑이다(『영혼에 관한 주석』 NH II,6: 133,8).

혼인은 자유의 상징이다. 노예가 아니라 자유인에게 마련된 것이다(『필립보 복음』 NH II,3: 69,1-4). 아르콘의 왕국에서, 욕정의 올가미에서 해방되었음을 의미한다. 더욱이 자유는 진리에서 유출된다. "너희가 진리를 인정하면 진리는 너희를 자유롭게 하리라. 무지는 노예를 의미하며 인식은 자유를 의미하노라"(『필립보 복음』 NH II,3: 84,8-11).

혼인은 안식의 상징이다. 영혼은 한 애인에게서 다른 애인에게로 달려가지 않는다. 『권위 있는 가르침』의 말을 빌리면 "영혼은 동방

東方에 다시 자리 잡고, 신방에 앉아 쉬고 있는 그에게 기대어 쉰다"
(NH VI,3: 35,8-11).

혼인은 기쁨의 상징이다. 이는 영혼이 더 이상 고통 속에서 헤매지 않기 때문이다. "그들은 지성 안에, 즐거운 일치 속에 하나가 되었고 … 이는 진정한 혼인이다. 각 지성 속에서 영원한 안식을 누리고 형언할 수 없는 신비 가운데 조명을 가득 받기 때문이다"(『위대한 셋Seth의 둘째 논고』 NH VII,2: 66,34-67,11).

혼인은 아름다움의 상징이다. 내적 아름다움은 영혼을 최상의 옷차림으로 장식한다.

> 자기 빛을 의식한 (영혼은) 이 세상을 벗고 참된 옷으로 자신을 치장한다. 신부의 드레스는 정신을 아름답게 하는 것이지 육체를 교만하게 하려는 것이 아니다(『권위 있는 가르침』 NH VI,3: 32,2-8).

혼인은 정결의 상징이다. 이 혼인은 영적인 것이며, 하계의 불결한 합일과는 상반되기 때문이다.

이 혼인의 특징은 무엇인가?

『필립보 복음』은 이 명제에 대하여 이렇게 표현한다.

> 불결한 혼인은 감추어져 있지만, 티 없이 순결한 혼인은 신비의 표본이다. 혼인은 육체적이지 않고 순결하다. 혼인은 욕망보다도 의지에 속한다. 혼인은 어둠과 밤보다는 낮과 빛에 속한다(NH II,3: 82,4-10).

이 혼인은 영원하다. 욕망의 혼란을 모르기 때문이다.

이 혼인은 육체적 혼인과는 다르다. 서로 결합한 이 둘은 합일에 도취되며, 욕망의 고민을 무거운 짐처럼 벗어버리고, 서로 헤어지지 않는다. … 이들이 서로 하나 되면, 둘은 오직 한 생명이 된다(『영혼에 관한 주석』 NH II,6: 132,27-35).

이 혼인은 또한 비옥하다. 아르콘들이 더럽힌 종자는 조산아를 낳게 하였지만, 신랑이 준 종자는 영혼에게 살아가는 의미를 줄 것이다. 과연 이 종자는 "삶을 주는 영"이다(『영혼에 관한 주석』 NH II,6: 134,1-4). 태어난 아이들은 우의적 해석을 빌려 이상들로 나타난다.

이 혼인은 사랑의 혼인이며, 매춘부의 관심사인 성적 관계와는 정반대다. 신랑과 신부는 즐거움을 서로 나누며 사랑한다(『영혼에 관한 주석』 NH II,6: 133,31-34).

끝으로 이 혼인은, 영혼이 충만을 저버리는 바람에 중지되었던 태초의 합일을 재현한다.

최초에 그들은 영혼이 자기 신랑-형제를 잃어버리기 전에 아버지 앞에서 하나였는데, 이 혼인이 그들을 다시 결합시켜 영혼은 그의 진정한 애인(남성), 그의 본디 주인과 하나 되었노라(『영혼에 관한 주석』 NH II,6: 133,4-9).

② 남녀 양성 겸유

혼인을 통한 합일로 양성 겸유兩性兼有(androgynie)가 시작된다. 남자와 여자가 합일함으로써 그들은 하나가 되고, 남자와 여자의 구분이 없어지고 한 존재를 이룬다.

지상에서의 성적 관계는 천상 혼인의 모상 속에서 양성 겸유의 신비적 합일을 통해 무효가 된다.

양성 겸유의 합일은 성적 요소가 물질세계에 추락했을 때 생긴 양성 구별을 다시 바로잡는다('소피아 신화'에 관해서는 66-7쪽 참조). 이 구별이 죽음을 불러일으킨 것이다. 『필립보 복음』은 이 사실을 성서 신화를 가지고 설명한다.

『필립보 복음』의 주해에 따르면 낙원에 있는 아담과 하와의 합일은 인식과 삶의 상태를 상징했다. 그러나 그들이 구분된 두 존재임을 깨달으면서 무지와 죽음을 불러왔다고 한다.

> 하와가 아담 속에 있었을 때 죽음이란 존재하지 않았노라. 그녀가 그에게서 떨어져 나갔을 때 죽음이 왔노라. 만일 그녀가 그 속에 다시 들어가고, 그가 그녀를 제 속에 받아들인다면, 죽음은 더 이상 존재하지 않을 것이니라(NH II,3: 68,22-26).

인류에 대해서도 똑같은 표현을 쓴다.

> 여자가 남자와 헤어지지 않았다면, 그 여자는 남자와 함께 죽지 않았을 것이다. 그 여자의 이별이 죽음의 원천이었노라(NH II,3: 70,9-12).

『필립보 복음』의 저자는 이 분리를 없애는 이가 그리스도라고 한다.

> 그 때문에 그리스도는 최초부터 있던 구별을 바로잡기 위해서 왔고, (남자와 여자) 둘을 재결합시켜 구별로 죽었던 그들을 다시 살게 하

고 하나 되게 할 것이다(NH II,3: 70,9-17).

영지주의자의 탐구는 천상의 이중 실체, 곧 영혼과 정신을 합일함으로써, 잃었던 양성 겸유를 다시 복구하는 것으로 끝난다. '제2의 나' 속에 깊숙이 잠겨 자신을 찾고 영지주의자는 인식의 문을 열게 된다.

> 예수께서는 "누구나 내 입에서 갈증을 푸는 자는 나처럼 될 것이고 나도 그와 같이 되어, 감추어진 것들이 알려지리라"고 말씀하신다 (『토마 복음』 NH II,2,108).

이 동일화의 신비를 통해 자아自我가 '제2의 나'로[35] 되고, '제2의 나'가 자아로 된다. 주어와 목적어가 동시에 일치하고, 계시하는 사람이 인식의 계시를 받는 사람이 된다.

> 나는 너고, 너는 나다. 네가 있는 곳에 내가 있노라. 나는 만물 속에 존재하니, 네가 원하는 어느 곳에라도 너는 나를 불러 모으고, 너는 나를 불러 모으면서 너를 불러 모을 것이다(『하와 복음』, 『약상자』 26,3,1에서 발췌).

---

[35] L'un — "일"(一) 또는 "일인"(一人) — 을 자아(自我)로 번역하고, l'autre — "타인"(他人) — 을 '제2의 나'로 번역하면 뜻을 이해하기는 더 쉽지만, 결국 "일"(一)과 합일(合一)의 연관이 멀어지는 게 유감이다. 왜냐하면 신플라톤 철학, 곧 신플라톤 사상에서는 "일"(一)이 절대적 가치를 지니기 때문이다. 이 사실은 위의 에피파니우스의 『약상자』 인용문에서 잘 볼 수 있다.

'제2의 나'가 되면서 일인—人이 되는 것뿐 아니라, '제2의 나'가 되면서 하나가 된다.[36]

> 우리는 일인 속에 자리를 잡아야 한다. 신랑을 기다리는 신부처럼, 네가 나와 똑같이 되고, 내가 너와 똑같이 되도록 준비하라. 신방에 빛의 종자種子를 갖추어라. 나를 신랑처럼 받아들이고 그의 자리를 만들라. 그리고 그이 — 신랑 — 속에 자리를 잡으라("점성가 마르쿠스 종파의 전례", 『반이단서』 I,13,3에서 발췌).

동일화同一化의 신비는 모든 벽을 없애면서 하계를 특징짓는 모든 대조들과 극極들을 해체한다. 반대되는 것들의 일치는, 사색이 표현할 수 없는 것을 표현하는 최후의 수단이며, 인식하는 자가 인식된 자와 합일하는 영상을 가능하게 한다.

> 너희가 둘을 하나로 만들고, 내적인 것을 외적인 것과 같이하고, 외적인 것을 내적인 것과 같이하고, 위에 있는 것을 밑에 있는 것과 같이하고, 남자와 여자가 하나가 되어 남자는 이제 남자가 아니며, 여자는 이제 여자가 아니며, 너희가 한 눈 대신 두 눈을 가지고, 한 손 대신 한 손을 만들고, 한 발 대신 한 발을 만들고, 한 모습 대신 한 모습을 만들었을 때, 너희는 [왕국에] 들어가리라(『토마 복음』 NH II,2, 22).

---

[36] 이 문장을 의역한다면, "타아가 되면서 자아로 되는 것뿐 아니라, 타아가 되면서 자아로 된다"가 될 것이다. 그러나 이것은 무의미한 논리적 반복이다.

· V ·

영지주의자들과 사회

영지주의 공동체들에 관련된 실제 정보는 드물다.

우리는 영지주의 교리에 대해서 반이단론 교부들이나 영지주의자들을 통해서 풍부한 정보를 받았지만, 그들의 공동체 조직에 대해서는 아는 것이 많지 않다. 후자에 대해서도 우리가 모을 수 있었던 몇 가지 자료는 교부들에게서 얻은 것이다. 그러나 교부들이 영지주의자들에게 적의를 품은 사실을 고려한다면 그 자료를 다룰 때 조심할 필요가 있겠다.

영지주의 저술가들은 그들 공동체의 구조와 종교 모임의 조직을 비밀로 간직했다. 이러한 태도는 모든 박해받던 공동체가 지니는 공통점이며 의무 사항이었다.

영지주의는 한 종교로 알려져 있으므로, 우리는 이 종교가 초세기에 가장 활동적인 종교였던 그리스도교 대표자들에게 어떻게 인식되었는지 물어볼 수 있다. 그리스도교와는 달리, 국가 종교였던 이교는 영지주의에 대하여 어쩌다 신경을 썼을 뿐, 가끔 영지주의와 그리스도교를 하나로 묶어서 전자를 후자의 한 종파로 여겼다. 전자는 후자들과 같이 세력 다툼의 선동자로 의심받게 된 것이다.

1. 그리스도인들이 본 영지주의자들

① 배제의 원의願意

아침부터 저녁까지 이교인들과 싸우지 마라. 그렇지 않으면 박해가 너무나 극심한 상황에서, 그들이 너희를 위정자들의 손에 넘겨주거나 너희를 짓밟아 다시 일어날 수 없게 할 것이기 때문이다. … 무슨 이유로 신자가 비신자에게 말을 걸겠는가? 그리스도와 벨리아르Bé-liar(마귀)가 무슨 수로 합의하겠는가? 그리스도와 그의 교회가 이단자들의 교회와 무슨 계약 체결로 완전한 합의가 이루어지겠는가? 더 이상 이단자들의 교회에 가서 기도하지 말고, 그들의 손에서 기름을 받지 말며 그들의 교회를 피하라.

이 글은 알렉산드리아의 베드로, 이집트 그리스도교 공동체의 17대 총대주교가 한 콥트어 강론이다. 그때는 300년대로 디오클레티아누스Diocletianus의 박해가 한창 진행될 때다. 303~305년에 세 칙령이 반포되어 그리스도인들을 박해했다. 첫째 칙령은 교회를 폐쇄하고 책들을 압수하였으며, 둘째 칙령은 모든 성직자들로 하여금 국가가 정한 신들에게 제사를 바치도록 하였고, 셋째 칙령은 이 의무를 모든 그리스도교 공동체에 적용했다.

이 혼란한 시대에 이집트에서 그리스도인들과 이단자들의 충돌이 허다했다. 베드로 총대주교가 강론에서 명시한 바에 따르면, 공격 표적이 된 이단자들은 주로 영지주의자들, 더 구체적으로 말하면 시몬파Simoniens, 곧 영지주의 창설자 가운데 하나인 사마리아 사람 시몬Simon의 추종자들이었다.

베드로 총대주교가 활약한 시대는 역사적으로 특별히 어렵고 복잡했다. 그리스도교 공동체는 이중으로 위협을 받고 있었다. 국가의 압력과 박해가 외적 위협이었다면, 당시 이집트에서 성행하던 영지주의의 소규모 비밀 집회들은 내적 위협이었다.

이 강론에서 우리는, 영지주의자들을 대하는 그리스도인들의 몇 가지 전형적인 태도를 엿볼 수 있다. 문체도 알렉산드리아의 베드로 총대주교와 그 시대의 고유한 문체가 아니다. 반이단론의 전형적 표현을 답습하고 있다. 그리스도인들은 영지주의 이단에 대해서, 이 종교운동이 세월과 함께 진화했다는 사실은 고려하지도 않고 미리 정형화된 이단으로 단정해 버렸다.

총대주교는 신도들에게 어떻게 충고하는가? 이유를 불문하고 이단자들과의 모든 교류를 피하고 그들과 교제하지 마라고 한다. 이를 위해, 베드로 총대주교는 바울로 사도가 제시한 "고린토의 이교인들에 대하여 가져야 할 태도"(2고린 6,15-16)를 말마디 그대로 인용한다. 그것은 베드로 총대주교가 그리스도인들에게 내린 엄한 명령이다: "이단자들의 교회에 가서 기도하지 마라. 그들의 손에서 기름을 받지 마라". 그리고 신학 논쟁이나 공개 토론을 피하면서 "아침부터 저녁까지 이교인들과 싸우지 마라"고 한 것도, 혼란스러운 시대에 그리스도인들이 관리들의 이목을 피하기 위하여 필요한 조치였다. 그 밖에 총대주교는 박해를 무릅쓰고 영지주의자들과 단결할 수 있으리라 믿지 않았다. 그의 강론에는 밀고에 대한 강박관념도 엿보인다. "그들이 너희를 위정자들의 손에 넘겨줄 수 있다."

베드로 총대주교가 반대자들을 방해하면서, 그들의 교회 등급을 이야기한 것에 주목할 필요가 있다. 그는 영지주의자들의 교회가 있

있다는 것과, 그들의 주교에 대해서도 말한다. 아마도 그들이 모이는 장소가 교회로 보였거나, 배교한 공동체의 우두머리를 주교라고 불렀을 수도 있다.

이런 식의 추리는 반이단론 교부들이 사용하는 일종의 무기다. 그들은 이탈한 종교에 교회 구조를 적용시킴으로써 그 교리의 '위조성'과 이단 세계에서 흔히 보는 교리의 '변질'을 더욱 강조하려고 했던 것이다.

② 영지주의자들과 국가

교부들은 영지주의자들과 국가와의 관계를 신랄하게 비판한다.

이레네우스는 프톨레메우스의 교리를 논박하면서(『반이단서』 I,6,4), 영지주의자들의 몇 가지 실천적 태도에 대하여 상세하게 전한다.

> 그들은 아무 식견도 없이 우상에게 바쳤던 고기를 먹으면서도, 그 고기로 자기들이 불결하게 된다는 생각이 전혀 없다. 그들은 우상의 영광을 위해 축하하는 이교인들과 모든 축제의 즐거움을 함께하는 데에는 앞장선다. 그들 가운데 어떤 사람들은 검투사들gladiateurs이 야수들과 싸우거나, 자기들끼리 싸우면서 빚어내는 유혈극을 관람하기를 삼가지 않는다.

영지주의자들은 결국 그리스도인들이 생명을 바쳐가며 거부한 이교인들의 끔찍한 관습에 참여한다. 이 점에서 영지주의자들은 그리스도인들과 구별된다. 그러나 영지주의자들이 우리에게 전한 문헌에는 이런 말들을 인정할 만한 아무런 증거가 없다.

이레네우스가 지적하는 영지주의자들의 태도는 그가 충실히 고수하는 신학적 입장에서 비롯하겠지만 그가 맺는 귀결은 영지주의 직접 원천 문헌이 밝히는 도덕관념과 어울리지 않는다.

영지주의자들의 '영적' 본성을 보면, 그들은 구원되기 위해 선행을 할 필요가 없다. 그들은 영적 본성을 가지고 영적 요소로 구성되어 있기 때문에 그들이 참여하는 일이 무엇이건 간에 부패될 수가 없다.[37] 이레네우스는 "업적에 대한 무관심"이 그들을 극단으로까지 몰고 갔다고 추론했다. 즉, 영지주의자들이 과격한 방종에 치우치거나 과도한 극기 생활에 전념한다 해도, 이 세상의 어떤 상황에 대해서는 무관심하다고 짐작한 것이다. 이 두 태도 모두 교부들의 눈에 비난의 대상이 되고도 남는다.

그러나 직접 원천 문헌들을 읽어 보면 극기하는 경향이 방종보다 더 두드러지게 나타나며, 세상에 대한 무애착(離脫)이 드러난다. 반이단론 교부들은 그들이 방종적 태도로 산다고 의심하면서 엄청난 먹물을 소비하였으나, 따지고 보면 사실보다는 그들이 표현한 신화와 전설을 지적한 듯하다. 곧 아르콘의 방종적 신화와 전설이다.

③ 영지주의 교회

교부들을 통해 본 영지주의 교회는 그리스도 교회와 정반대라는 인상을 준다. 그들의 교회는 부정적 특징을 띤다. 반이단론 교부들은 그들의 교회 구조에 대해서 두 가지 점을 지적하는데, 곧 제도화

---

[37] "행위로(per operationem)가 아니고 그들의 영적 본성으로(eo quod sint natu-raliter spirituales) 구원된다. 그 영적 본성으로 그들은 꼭 구원된다. … 이와 같이 그들을 구성하는 영적 요소는, 그들이 어떤 일에 관여한다 해도, 부패될 수가 없다"라고 영지주의자들은 말한다(『반이단서』 I,6,2).

된 교회를 거부한 것과 조직 체계가 전적으로 결여되었다는 점이다.

그리스도 교회가 구상한 교계 — 부제·사제·주교 — 의 거부는 영지주의자들 편에서 보면, 교회의 우두머리 베드로에게 부여된 권한과 사도적 계승권의 유효성을 거부하는 것을 의미한다. 교부들은 이 거부가 무질서와 조직의 혼란을 가져올까 염려했다.

이 점을 지적하는 데 테르툴리아누스의 『처방서』*De praescriptione*[38] 보다 더 명확한 글은 없을 것이다.

> 나는 이 이단자들의 태도가 얼마나 비천하고 세속적이고 인위적인지, 엄숙함도 권위도 없으며 자신들의 신조信條에 합당한 규율도 없음을 명시하지 않을 수 없다. 무엇보다도 누가 교리문답 수강자며 누가 신자인지도 알 수 없다. 모두가 같은 모양으로 참여하고, 모두가 같은 모양으로 듣고 기도한다. 거룩한 것을 개에게 주고 진주를 돼지에게 주는 것과 마찬가지로 이교인들에게도 그러하다. 그들의 어리석음 — 단순함 — 은 규율을 약화시킨 데 있다. 그들은 우리가 가꾸는 규율을 겉치레라고 부른다(XLI,1-3).

테르툴리아누스는, 모든 영지주의자들이 신비 전수를 위한 교육을 받기 전에 동등한 대우를 받는 것은 그들 교계 직무의 혼란과 일시성을 드러낸다고 해석한다.

> 그들은 서품을 아무렇게나 관리하며 … 어떤 때에는 새로운 신자들

---

[38] 완전한 제목은 *De praescriptione haereticorum*(『이단자들에 관한 처방』). 우리는 짧게 『처방서』라고 부르기로 한다.

에게, 때로는 세속적 물질을 담당한 사람들에게, 때로는 허영 때문에 우리에게서 떨어져 나가 배교한 사람들에게 권위를 의뢰한다. 그 결과, 오늘은 이 사람이 주교였다가 내일은 다른 사람으로 바뀌고, 오늘 부제였던 사람이 내일은 독서자가 되며, 오늘 사제였던 사람이 내일은 평신도가 된다. 평신도들도 사제 역할을 담당하기 때문이다(『처방서』 XLI,6-8).

④ 여성의 역할

교부들의 증언에 따르면, 영지주의 공동체 조직의 결핍이 뚜렷하게 드러나게 된 것은 여성들이 그 조직에 포함되어 조직에 혼란을 불러일으키기 때문이다. 이 문제에 가장 강하게 반응하는 사람이 테르툴리아누스다.

이단자들의 부인들은 얼마나 뻔뻔스러운가! 그 여자들은 감히 가르치고 토론에 참여하며 구마驅魔와 병을 고치는 체하더니만, 세례를 주는 일에도 주저할 줄 모르지 않는가?(『처방서』 XLI,5).

반이단론 교부들의 눈에 영지주의 여성들은 선한 그리스도인들이 지키는 "삼가야 할 의무"에 복종하지 않는 것으로 보였다. 바울로 사도의 협력자들 가운데도 여성들이 몇 명 있었던 것이 사실이다. 그러나 바울로 사도는 여성이 교회 안에서 사회의 공적 역할을 수행할 수 있다고 우겨서는 안 된다고 했다. 혹시 예언자적 카리스마를 지닌 여성이라도 그것을 공개적으로 알리는 일은 삼가라고 했다. 가르치는 직책 역시 금지되었다. "여자는 교회에서 침묵해야 한다"

(Mulier taceat in ecclesia: 1고린 14,34). 한 여성이 "삼가야 할 의무"와 "겸손의 의무"를 깨고 공동 집회에 나와 말하면, 교부들은 그 여성을 매춘부와 동일시했다. 유다교와 그리스도교 전통은 이 문제를 두고 거의 일치한다.

그러나 여성을 혐오하는 성향은 그리스도의 위대한 인격에서 찾아볼 수 없다. 그리스도는 당신 말씀을 여성들 — 사마리아의 여인, 마리아 막달레나 등 — 에게 위탁하기를 주저하지 않으셨다. 그분은 여성들을 가르치시고 안식일에 여성들의 병을 고치셨으며 주위에서 불결하다고 하는 여성들에게 가까이 다가가셨다.

이 문제는, 바울로가 증거한 그리스도의 메시지가 스승의 가르침에 비해 그 의미가 약해졌음을 말해 준다. 공동체 안에서의 여성의 역할을 놓고 볼 때, 영지주의자들이 그리스도의 태도에 훨씬 더 가까웠다. 이 사실은 교부들이 더 공격적 반응을 보였고, 영지주의 공동 집회에 여성들이 참여한 것을 서슴없이 성적 관용주의로 판단해 버린 것이다.

일부 영지주의 교사들은 특정 여성을 수행자로, 제자로, 영감을 주는 여신으로 동반했다. 이를테면 사마리아의 시몬은 (사실인지 전설인지 모르지만) 헬레나를, 카르포크라테스Carpocrates는 마르셀리나Marcellina를, 아펠레스Apellès는 박식한 필루메나Philumena를 저마다 동반하는 식이었다.

(『프톨레메우스가 플로라에게 쓴 교리적 서간』에서 보듯이) 영지주의 공동체에는 교양 있는 여성들이 몇 명 있었다. 교부들은 이 지성적인 여성들을 비꼬며 그들이 규방gynécée을 떠나 여기저기 돌아다니며 창녀들에게서 세금을 거두었다고 비난한다.

⑤ 영지주의자들의 포교 활동prosélytisme

어떤 의미에서 영지주의 교사들은 여행자였다. 그리스도교의 동료 교사들을 본받아, 이들도 교리를 전하기 위해 로마 제국 곳곳을 돌아다녔다. 어떤 교사들은 (발렌티누스가 로마에서 가르친 것처럼) 큰 도시에서 강연할 특전을 받았고, 다른 교사들은 더 먼 지방으로 발길을 옮겼다.

학술 강연 형식에 그리스도인들을 반대하는 공개 토론을 첨가했다. 이런 토론을 다룬 몇 가지 이야기들이 고대 문헌 속에 보존되어 있다. 고대 말기에는 특히 웅변 시합이 성행했다. 웅변 시합은 한 교사의 웅변 능력이 공개적으로 평가받는 자리로서 군중뿐 아니라 때때로 지성인 특권층에 큰 감명을 주었다.

차명–클레멘스의 작품Pseudo-Clemens, 곧 클레멘스의 이름을 빌려 쓴 이 작품은 로마에서 베드로 사도와 사마리아의 시몬 사이에 벌어진 반半전설, 반半사실적 논쟁을 기록한다. 둘 다 서로 자기 교리를 믿는 신도들과 몇 명의 유능한 인재들을 제 편으로 끌어들이려고 노력한다.

이레네우스는 영지주의 교사로서 론 계곡에[39] 자리 잡은 점성가 마르쿠스가 부유한 재산가였음을 증거한다. 이레네우스 주교의 말로는 그가 많은 이들을 개종시켰고, 더욱이 그들은 부유한 계급에 속한다고 한다.

　그들 가운데 한 사람이 … 마르쿠스라는 이름을 가졌다. 그는 마술

---

[39] 프랑스 리옹(Lyon)에서 아비뇽(Avignon)과 지중해로 통하는 론(Rhône) 계곡을 따라 론 강이 흐른다.

적 요술에 능하였고, 많은 남자들과 평범하지 않은 많은 여자들을 기만하여 그들을 "가장 큰 지식인", 또는 "가장 완전한 자", 보이지 않고 형언 못할 곳에서 온 "지상 세력至上勢力의 보유자"라 부르며 자기를 따르게 했다(『반이단서』 I,13,1).

마르쿠스는 '기적을 행하는 마술사'thaumaturge였다. 분별없는 사람들의 눈에 그는 기적을 행하는 사람으로 비쳤다(『반이단서』 I,13,2).

이레네우스에 따르면, 마르쿠스가 개종시킨 사람들 가운데 많은 여성들이 상류층에 속하였으며, "그가 돌보는 여자들은 가장 우아하고 가장 부유하며, 그 여성들의 옷에는 주홍빛[40] 술장식이 달렸다". 이 여성들은 마르쿠스가 자기들에게 주겠다고 약속한 예언자의 재능에 매혹되었을 것이라고 한다.

이레네우스는 마르쿠스가 그 일을 어떻게 수행했는지 기록한다.

> 그는 여성들을 끌어들이려고 다음과 같이 아첨하는 강연을 한다. "나는 너에게 내 은혜의 한 몫을 주리라. 보라, 나의 은혜가 네 위에 내려왔으니 이제 입을 열고 예언하라"고 하면, 그 여성은 "나는 한 번도 예언한 일이 없고 예언할 줄 모릅니다"라고 대답한다. 그러나 마르쿠스는 다시 새로운 주문을 외우며, 그녀를 아연실색케 하면서 "입을 열고, 아무 말이라도 하면, 너는 예언하리라"고 한다.

이레네우스는 여기에 해석을 덧붙인다.

---

[40] 주홍빛은 고대부터, 특히 지중해 지역에서 왕들의 옷 색깔이었다.

여자는 이 말에 어리석게 오만을 부리며 심장이 뜀을 느끼면서, 머릿속에 떠오르는 모든 어리석은 말들을 지껄이기 시작한다. 이 순간부터 그 여자는 '예언자'가 되고, 마르쿠스에게 감사하며 늘 그를 후하게 대접한다.

보수는 이중으로 치른다. 여성은 마르쿠스에게 재산을 기증 — 이것이 이레네우스가 말한 "부유한 재산"이다 — 하고, 또 그에게 육체까지 선물로 바친다는 것이다(『반이단서』 I,13,2-3).

어떤 때에는 여성들을 자기 마음대로 복종시키기 위해 마르쿠스는 미약媚藥과 마력을 사용했다고 한다. 이레네우스는 자기의 진술을 보강하기 위해서, 아시아에서 있었던 일화를 소개한다: 한 부제의 부인이 마르쿠스에게 빠져 오랫동안 그의 긴 여행에 동행했다고 한다(『반이단서』 I,13,5). 그래서 그리스도인들이 그 여자를 마르쿠스의 손아귀에서 빼내는 데 무척 힘들었다.

마르쿠스의 제자들도 "우리 론 지방에서 상당히 많은 여성들을 유혹했다"고 한다(『반이단서』 I,13,7). 리옹의 주교는, 그 여자들이 한동안 그들에게 매혹되었으나 다시 그리스도교의 품속에 돌아왔다는 소식을 듣게 된다.

2. 영지주의자들은 자신을 어떻게 보았나?

영지주의자들은 자기 이야기 하기를 좋아하지 않는다. 자신에 관해 상세히 말하지 않은 데는 많은 이유가 있다. 박해받은 모든 소수 집단들에게 나타나는 전형적인 조심성도 한 이유이겠고, 그 밖에 '선택된 자'들이라는 자아의식도 이유가 되겠다. 교부들이 '종파'sectes 들이라는 달갑지 않은 이름을 붙인 공동체여서, 그 구성원들은 자기네 교리나 실천에 대하여 '함구緘口 의무'를 이행해야 했다. '입회 예식'을 거쳐 신자가 공동체에 들어가면, 공동체는 이 예식의 내용을 비밀로 한다. 비밀 서적들을 읽고 회원들에게만 허용된 전례에 참여함으로써 그들은 외부 세계에 맞서는 내적 단합심을 더 강하게 유지할 수 있었다.

그들이 두려워한 것은 이중 첩자들이었다. 살라미스의 에피파니우스가 이집트에서 그들의 신앙에 찬동하는 체 가장하여 그들의 공동체에 들어갔던 일을 말한다.

만일 영지주의 문헌들이 적대자들과 당대인들의 모욕적 행위로 파손되었다면, 고고학은 더 이상 손을 쓸 수가 없다. 로마의 마조레 성문Porta Majore 대성당 앞에서 발견된 '영지주의풍의' 벽화와, 역시 로마에서 발견된 3세기의 플라비아 소페Flavia Sophè라는 사람의 묘비명을 제외하면 영지주의에 관해서는 문헌의 간접 증거에만 의존할 수밖에 없었다. 후대에 있을 학문 연구들이 언젠가는 문제의 부족한 자료들을 보충하여, 영지주의 사회학에 새로운 기초를 세울 수 있을 것이다. 이 일은 현재로서는 초보 단계에 머물러 있다.

얼마 안 되는 자료들을 가지고 어떻게 최대한의 정보를 끌어낼 것인가? 이와 관련하여 교부들의 논박에서 발췌한 자료들을 다시 검토해야만 할 것이다. 그리고 직접 원천 문헌들이 자주 사용한 우의적 표현의 장벽을 헤치고, 그 너머에 어떤 유용한 암시가 숨어 있는지 찾아내야 할 것이다. 끝으로 그들의 추상적 강연에 깔려 있는 자신과 적대자들에 대한 귀중한 정보를 찾아내야 한다. 이러한 연구는 그리스도 교회의 모습을 추적하고 그와 반대되는 모습, 곧 영지주의 공동체가 가진 고유한 사상을 엿볼 수 있게 한다.

① 그리스도 교회와 영지주의 공동체

서로 대립된 두 교회는 논전論戰을 벌일 때 같은 수단을 사용한다. 그리스도인들이 영지주의자들을 배척한 소행 — 알렉산드리아의 베드로의 강론을 보라 — 은 영지주의자들이 그리스도인들에게 한 답변에 그대로 나타난다.

선택된 영지주의 공동체에 대한 그리스도인들의 경멸적 의식은, 그들을 아류亞流로, 인식에 도달할 수 없는 무능한 사람들로 여긴 것이다.

발렌티누스파의 영지주의자들은 인간을 물질적 인간, 심령적 인간, 영적 인간으로 분류하여 그리스도인들을 심령적이라고 했다. 그들은 영혼psyché을 소유하지만 영pneuma은 없으니, 인식에 직접적으로 개입할 수 없다. 그러나 그들이 개종하면 구원될 수 있다고 한다. 그러나 물질hylé적 인간은 아무 구원의 희망도 없다.

그리스도인과 영지주의자는 같은 어조를 써 가며 서로가 오류에 빠져 있다고 비난한다. 그리고 저마다 진리의 보관자라고 자처한다.

반이단론 교부들이 너 나 할 것 없이 이구동성으로 비난하자,『진리의 선언』(NH IX,3)을 쓴 무명의 영지주의 저자는 용감하게 목소리를 높여 자기 신도들을 그리스도인들의 오류에 맞서도록 주의를 환기시킨다. 이 논고의 저자에 따르면, 오류의 근본 원인은 육신의 찬미에 있다. 곧 혼인, (모세)율법이 제정한 출산과 순교의 열망에서 볼 수 있으며, 그것은 육신의 부활을 믿는 자들만이 이해할 수 있다.

무명의 저자는, 자기를 순교로 희생하는 자들은 육신의 주인인 아르
콘들과 어울려 노는 것이라고 한다. 더구나 "우리는 그리스도인들
이다"라는 단언도 아르콘들과 어울려 노는 말마디에 지나지 않는
다. 그리고 견유적犬儒的(cynisme) 표현을 써서, "만일 신앙을 증거하기
위해 순교하여 구원을 마련했다면, 세상 전체가 순교를 감수하여 구
원되었을 것"(NH IX,3: 31,23-32,13)이라고 진술한다.

'그리스도인'이라는, 행간에 숨은 이름을 둘러싼 논쟁을 통해, 적
어도 그리스도교 교육을 받은 영지주의자들이 그리스도인이라는 이
름을 고수하기 위해 싸웠음이 드러난다.

교계 문제를 두고 또 다른 논쟁이 벌어진다. 그리스도인들은 상대
방의 교계 조직이 체계가 없어 그들 공동체가 무질서해졌다고 비판
하는 반면, 영지주의자들은 그리스도교의 교계 조직이 오류의 원천
이며 그 밖에도 그리스도인들이 부당하게 권위를 주장한다고 생각
했다. 『베드로 묵시록』은 이 문제를 간단히 설명한다.

> 우리 수數(회원) 밖에 있는 사람들 중 일부는 마치 자신이 하느님께 권
> 한을 받은 것처럼 스스로 주교나 부제로 자칭한다. 그들은 장상들의
> 판단에 굴복한다. 이 사람들은 메마른 운하와 같다(NH VII,3: 79,23-31).

"우리 수 밖에 있는 사람들"이라는 구절에서 선택된 영지주의자들
이 다른 사람들에 대해 특권 — 엘리트 — 의식을 지녔음을 단정할
수 있다.

물리적 제도들은 구원을 받기 위해 불필요한 것이라고 배제한다.
왜냐하면 교계는 이 세상의 조직에 순응함으로써 아르콘들의 권력

에 순종하는 것과 같기 때문이다.

"데미우르고스와 아르콘들"이란 말마디는 그리스도 교회의 상층 교계를 암시하는 도전적이고 베일에 가려진 단어들일 수도 있다. 이는 페젤E. Pagels 여사의 의견이다[The Demiurge and his Archons: A Gnostic View of the Bishop and his Presbyters, *Harvard Theological Review* 69 (1976) 301-24].

인식만이 영지주의 공동체가 인정하는 유일한 권위다. 이 공동체는 천상·영성·선재적 공동체의 모상으로 존재하기 때문이다. 『세 편의 논고』(NH I,5)에 따르면 상계의 교회는 에온들 이전에 존재한 사람들로 구성된다. 그 교회는 불멸하는 영의 본성을 지녔다. 하계의 공동체 회원들은 지상 모험을 끝낸 다음 그 본성에 합치될 것이다.

영지주의 공동체들에는 대승교회와 같은 행정처行政處가 없다. 전 로마 제국에 흩어져 있는 무리들은 여행자들과 선교사들이 관리한다. 대규모 저작들이 그들의 유대를 도우며, 공동체들끼리 서한을 교환하여 더 가까워진다.

물론 공동체들끼리 의견 차이도 있을 수 있다. 『진리의 선언』(NH IX,3)을 읽어 보면, 저자는 어떤 공동체가 금욕주의encratisme를 실행하지 않는다고 비판한다. 『인식의 해석』(NH XI,1)의 저자는 자신이 속한 공동체가 질투와 시기로 충격받은 사실을 강조한다.

② 민사 당국에 대한 태도

이 문제에 대하여 명확히 말하는 직접 증거 문헌은 없다. 그러나 영지주의자들이 민사 당국을 대하는 태도가 교회 당국을 대하는 태도와 같았을 것이다. 반이단론 교부들이 이 점에 대해서 격분하여 비판을 했다면 그 말을 믿을 수 있겠는가? 영지주의자들이 국가기

관의 강제 명령에 복종할 정도로 세상에 대해 방관하였을까?

이 질문에 대해서는 지금까지 아무런 대답도 할 수 없다. 어쩌면 영지주의자들이 작품 전체에서 데미우르고스와 아르콘들이 지배하는 이 세상을 추적하면서, 속세의 지배를 부정적으로 암시하고자 한 것이 아닐까 싶다.

③ 여성

영지주의를 따르는 여성의 사회·공동체적 직무는 반이단론 교부들의 증언으로 명확하게 드러난다. 논쟁적인 면을 벗기고 보면, 여성들은 공동체에서 긍정적이고 중심 역할을 했다.

영지주의가 여성들을 쉽게 끌어들일 수 있었던 것은 공동체의 여러 활동에 여성들이 참가할 수 있는 기회를 주었기 때문일 것이다. 이는 고대 말기의 다른 종교들, 즉 그리스도교·유다교·미트라교 — 남자들에게만 한정되었음 — 에 비해 큰 장점으로 부각된다. 마니교에서도 여성들의 입지는 넓다.

직접 원천 문헌들은 이 문제와 관련하여 현실성 있는 정보를 주지 않는다. 그러나 신화적 논고에서는 여성에게 기본 역할이 주어진다.[41] 또한 예수 주위에 있던 여성들이 많은 영지주의 작품 속에서 특별한 주목의 대상이 된다. 그들은 계시하는 특전을 가지고 있다. 신화에 나타난 여성의 중요성이 공동체 안에서 여성에게 실질적인 직책을 맡기는 데 영향을 미쳤을 법도 하다.

---

[41] 헬레나의 전설(58쪽)과 『(막달라) 마리아 복음』을 비롯하여, 영지주의 신화에서 중요한 역할을 하는 소피아(66-7쪽)와 계시를 전하는 『피스티스 소피아』(42쪽) 등 모두가 여성적 실체들이다.

④ 특권 의식의 궁지

영지주의자들은 이율배반에 직면한다. 그것은 공동체 주위를 둘러싼 조심스런 침묵과 신도를 포섭해야 할 필요성이다. 선택된 자들이 자신들에게만 한정된 교회의 비밀을 지켜야 하는 동시에, 그 사실을 밖으로 알리기도 한다. 근본적으로 세상에 양보할 수 없는 수도적 생활 이념을 고수하면서도, 영지주의자들이 세상의 무대에서 사라지지 않고 남아 있어야 할 필요성 등으로 이율배반의 궁지에 몰리게 된 것이다.

영지주의 저술가들은 공동체의 이상에 관한 대변인으로서 공동체의 다양한 움직임들을 증언한다. 그런데 저술가들의 다양한 태도가 그들 사이에 약간의 분쟁을 조성한 것도 사실이다. 『진리의 선언』(NH IX,3: 58,1-13) 저자는 혼인과 출산을 허락하는 영지주의자들을 거슬러 항의한다. 그들은 사마리아의 시몬의 제자들임이 분명하다. 그리고 그는 세상 유혹에서 이탈하라고 강론한다. 세상의 유혹이란 그의 눈에는 성·돈·가족이다.

영지주의는 마니교와 같은 "선택된 자"들과 "방청인"傍聽人들 사이에 엄격하고 체계적인 계급 구분이 없다. 마니교에서는 "방청인"들이 "선택된 자"들을 돌보며 물질적인 것들을 충당한다. 그리고 방청인들은 혼인할 수 있어서 공동체가 지속되도록 보장한다.

대다수의 문헌은 영지주의의 금욕적 이상을 밝힌다. 이 이상 때문에 마니교처럼 주목할 만한 지속과 확산을 이루지 못한 것일까? 비교적 짧은 박해 때문일까? "너희는 합일하여 번식하라"라고 한 계명을 거부한 것이 영지주의자들을 자기가 판 함정에 빠지게 했고, 그들을 잊혀진 역사적 존재들과 함께 잠들게 한 것이 아닌가 싶다.

용어 풀이

Allogenes: 그리스어로 '외방인'. 세상에 낯선 영지주의자를 상징한다. 그는 천상 모국에 귀향함으로써 목표를 달성한다.

Androgynie: 남녀 양성 겸유. 영과 영혼을 상징하는 남자와 여자가 합일하여 하나가 되는 것을 의미한다.

Antimimon pneuma: 그리스어로 '위조僞造하는 영'. 하계의 특징인 기만적 힘이다.

Archon(복수): 데미우르고스를 둘러싼 악한 세력(천사)들. 하계를 다스리며 구세주가 와서 멸망시킨다. 아르콘 또는 첫째 아르콘들의 우두머리는 데미우르고스다. ☞ Demiourgos.[42]

Barbélo: 여성적 실체로 어떤 영지주의 체계 안에서 지혜Sophia의 임무를 수행한다. ☞ Sophia.[43]

Béliar: 쿰란과 유다 문헌에서 벨리아르Belial[44]는 마귀 이름이며, 영지주의자들도 같은 뜻으로 사용한다.

---

[42] 원래 그리스-로마의 집정관을 의미하지만, 그리스도교 문헌에서 흔히 천사들의 한 계급을 지적한다. 골로 1,16을 보라.

[43] 아람어 Bar-Barat(아들-딸)과 바빌로니아의 신 Bel-Belos의 합성어로 본다.

[44] R과 L의 호환은 고대 문헌에서 흔히 볼 수 있다.

Chambre nuptiale: 신방. 발렌티누스파 영지주의자들이 행한 성사聖事. 영혼과 영성의 완전하고 영원한 합일을 상징한다.

Demiourgos: 플라톤의 창조주. 영지주의자들에 따르면 세상과 인간의 육신과 영혼을 서툴게 창조한 하층신神을 가리킨다.

Didymos: 그리스어로 '쌍둥이'. 토마 사도를 예수의 쌍둥이라고 한다. ☞ Thomas.

Dyade: '이원론.' 이레네우스가 묘사한 발렌티누스 체계에 따르면, 신에게서 나온 한 쌍의 에온Éon들.

Émanation: '유출'流出. ☞ Éon.

Éon: 그리스어로 아이온aion '영원'. 충만pleroma을 구성하는 신적 유출들. 이들은 짝지어 행동한다.

Gnôsis: 그리스어로 '인식'. 영지주의자들이 바라는 자신과 신에 대한 인식.

Gnostikos: 영지주의자. 그리스어로 '인식하는 사람', 인식을 획득한 사람.

Heimarménè: 그리스어로 '운명, 숙명'. 이는 하계를 지배하며 인간이 천상 왕국(모국)에 귀향하지 못하게 방해한다.

Hylé: 그리스어로 '물질'. 하느님과 가장 반대되는 부정적 요소.

Hylique: 그리스어로 '물질적' 인간. 발렌티누스파의 인간 삼등분설(영 · 심령 · 물질)에 따르면 물질적 인간은 구원의 희망 없이 처단받을 사람이다.

Hypostasis: 신플라톤 학파의 '실체'. 신적 실체이며 신에게서 유출된다.

Logos: 그리스어로 '말씀, 논설, 지성적 기능'. 인간이 인식에 접할 수 있는 부분을 가리킨다.

Monakhos: 그리스어로 '독수자'獨修者. 『토마 복음』에서는 영지주의에 선택된 사람이다.

Ogdoade: 하느님에게서 배출된 여덟 층의 영원성 전체를 일컫는다. 영지주의 체계에 따르면, 이 여덟 층의 영원성이 충만의 핵심을 구성한다.

Père inconnu: '알려지지 않은 아버지', 상층신과 동의어이며 그는 무한히 선하고 완전하다.

Père préexistant: '선재先在하는 아버지', 상층신과 동의어다.

Pistis Sophia: 그리스어로 '신앙-지혜', 여성적 실체로 런던 필사본Codex Aske-wianus에 영감을 주었다.

Pleroma: 그리스어로 '충만', '영원들'. 에온 전체로 형성된 천상 세계이며, 영지주의자는 이 세상에서 모험이 끝나면 그곳에 이르게 된다.

Pneuma: 그리스어로 '영'靈. 하느님이 그를 창조했고, 그는 자기 안에 숨어 있는 불꽃(光焰)의 도움으로 아르콘Archon들의 지배를 피한다.

Pneumatique: 그리스어로 '영적 인간'. 발렌티누스파의 인간 삼등분설(영·심령·물질)에서 구원받도록 미리 선정된 영지주의자. ☞ Hylique, Psychique.

Prôtennoia: 그리스어로 '첫 생각'(原思索). 여성적 실체로 계시를 가져온다. 나그 함마디 XIII,1 『프로텐노이아의 세 형체』와 같은 제목이다.

Psyché: '심령'. 그리스어로 '영혼'. 영에 의하여 구원되며, 지상에서 모험을 다 겪고 나면 하느님을 만나게 된다. 영혼과 영은 신랑·신부처럼 신방에서 하나 된다.

Psychique: 그리스어로 '심령적 인간'. 발렌티누스파의 인간 삼등분설에 따르면 인식을 지니지만 저절로 구원받지는 못한다. 그러나 개인적 노력과 회개를 통하여 구원에 도달할 수 있다. ☞ Hylique, Pneumatique.

Royaume: '왕국.' Pleroma와 동의어.

Sagesse: '지혜.' ☞ Sophia.

Sauveur: '구세주.' 하계의 악독한 곤경에서 영혼을 구한다. 이는 영이다. 영지주의 사상 체계에서는 그리스도라고 부른다.

Silence: '침묵, 무언.' ☞ Sygè.

Sophia: 그리스어로 '지혜'. 천상의 여성적 실체이며 발렌티누스파에게는 서른 번째 에온Éon. '충만' 밖으로 떨어지면서 창조가 진행된다. 그는 세상에서 얼마 동안 고통을 당하다가 하느님께로 돌아간다. 그는 영지주의자의 모험을 상징하거나 종합한다.

Spirituel: '영적인 사람.' ☞ Pneumatique.

Sygè: 그리스어로 '무언'. 여성적 실체로 영지주의 사상 체계에서는 하느님의 배필이 된다.

Syzygie: 그리스어로 '남녀 한 쌍'. '충만' 속에서 남자와 여자의 합일과, 에온들의 이원적 구조를 가리킨다.

Tétrade: '사신설.' 하느님께서 유출된 네 개 에온들의 형성.

Thôma: 시리아어로 '쌍둥이'. ☞ Didymos.

Théletos: 그리스어로 '한계'. 발렌티누스파 체계에 따르면 'Sophia'와 한 쌍을 이룬다.

Yaldabaoth: 『요한 비밀서』와 유다 전통의 영향을 받은 영지주의 작품은 데미우르고스Demiourgos를 이렇게 부른다.

*참고 문헌

【교부 원전】

알렉산드리아의 클레멘스 『양탄자』*Stromata*, L. Freuchtel 편, *GCS* 52, Leipzig 1960.

— 『테오도토스의 발췌』*Extraits de Théodote*, F.-M. Sagnard 프랑스어 편역, *SC* 23, 1970.

살라미스의 에피파니우스 『약상자』*Panarion*, K. Holl 편, *GCS* 25, Leipzig 1915; *GCS* 31, Leipzig 1922.

— 『프톨레메우스가 플로라에게 쓴 교리적 서간』*Lettre de Ptolémé à Flora*, G. Quispel 프랑스어 편역, *SC* 24 bis, Paris 1966.

리옹의 이레네우스 『반이단서』*Adversus haereses*, W.W. Harvey, 2권, Cambridge 1857/1949[2]; 프랑스어 번역: A. Rousseau, *Iréné de Lyon, Contre les hérésies*, Paris 1984.

차명-히폴리투스 『논박서』*Refutatio omnium haeresium*, *GCS* 26, Leipzig 1916; 프랑스어 번역: A. Siouville, *Philosophumena ou Refutation de toutes les hérésies*, Milan 1988.

오리게네스 『요한 복음 주해』 E. Preuschen, *GCS* 10, Leipzig 1903.

테르툴리아누스 『발렌티누스파를 반대하여』*Contre les valentiniens*, 편역: J.-Cl. Fredouille, I *SC* 280, Paris 1980; II *SC* 281, Paris 1981.

— 『이단자들에 관한 처방』*De praescriptione haereticorum*, A. Kroymann, *CSEL* 70, Turnhout 1942, 1-58.

BROOKE, A.E., *The Fragments of Heracleon*, Cambridge 1891.

VOLKER, W., *Quellen zur Geschichte der christlichen Gnosis*, Tübingen 1932.

【영지주의 원전】

런던 Codex (British Library Additional 5114), 원문 편찬: M.G. Schartze, *Pistis Sophia*, Berlin 1851. C. Schmidt, *Pistis Sophia*, 영역 및 주석, V. MacDermot (*NHS* IX), Leiden 1978.

옥스퍼드 Codex (Bodlean Library, Bruce Mss 96), C. Schmidt, *Gnostische Schriften in koptischer Sprache aus dem Codex Brucianus, Texte und Untersuchungen*, 8권 1-2 낱권 Leipzig 1892, 39-41. C. Schmidt, *The Books of Jeu and the Untitled Text in the Bruce*, 영역 및 주석, V. Mac-Dermot (*NHS* XIII), Leiden 1978.

베를린 Codex (Papyrus-Sammlung der staatlichen Museen, P. Berolinensis 8502), 원문 편찬: W.C. Till, *Texte und Untersuchungen*, LX, Berlin 1955, 62-78.

이 세 필사본에 대한 참고 문헌 소개: M. Tardieu/J.-D. Dubois, *Introduction à la littérature gnostique I, collections retrouvées avant 1945* (Initiations au christianisme ancien 2), Paris 1986.

【나그 함마디 서고】

필사본 사진판

The Facsimile Edition of the Nag Hammadi Codices, éd. Department of Antiquity of Arab Republic of Egypt in conjunction with the United Nations Educational, Scientific and Cultural Organization, Leiden 1972~1984.

번역서

The Nag Hammadi Library in English, éd. J.-M. Robinson, San Francisco 1977/1988[2].

원문 편찬·번역·주해

The Coptic Gnostic Library, 5권, ed. James M. Robinson, Leiden: Brill

Academic Publishers 2000.

—, *Bibliothèque copte de Nag Hammadi*, Section «Textes», Presses de l'Université Laval-Peeters, Québec - Louvain 1977~.

참고 문헌 소개

Scholer, D.M., *Nag Hammadi Bibliography 1948~1969* (Nag Hammadi Studies I), Leiden 1971.

—, *Nag Hammadi Bibliography 1970~1994* (Nag Hammadi and Manichaean Studies XXXII), Leiden 1997.

【연구서】

BIANCHI, U. (éd.), *Le origini dello gnosticismo* (Suppl. XII à *Numen*), Leiden 1967.

DILLON, J., *The Middle Platonists*, 1977.

DUBOIS, J.-D., Valentin, école valentinienne, *Dictionnaire de spiritualité*, XVI, Paris 1994, col. 146-56.

FANTINO, J., *La théologie d'Irénée, Lecture des Ecritures en réponse à l'exégèse gnostique. Une approche trinitaire*, Paris 1994.

FOERSTER, W., *Zeugnisse der Kirchenväter*. Unter Mitwirkung von E. Haencke und M. Krause, eingeleitet, übersetzt, und erläutert von Werner Foerster, 1969; Zürich - München: Artemis Verlag 1979[2].

—, *Koptische und Mandaïsche Quellen*. Eingeleitet, übersetzt, und erläutert von M. Krause und K. Rudolph, hrsg. von W. Foerster, Register zu Bd. I und II, Zürich - München: Artemis Verlag 1971.

JONAS, H., *Gnosis und spätantiker Geist* I, Göttingen 1964[3].

—, *The Gnostic Religion: The Message of the Alien God and the Beginnings of Christianity*, Boston 1963[3].

KAESTLI, J.-D., Valentinisme italien et valentinisme oriental: leur divergences à propos de la nature du corps de Jésus, *The Rediscovery of Gnosticism: Proceedings of the International Conference on Gnosticism at*

Yale, New Haven, March 28-31, 1978, tome I, *The School of Valentinus,* B. Layton 편, Leiden 1980, 391-403.

KING, K., *Images of the Feminine in Gnosticism*, Philadelphia 1988.

LE BOULLUEC, A., *La notion d'hérésie dans la littérature grecque, IIe-IIIe siècles*, I-II, Paris 1985.

LÖHR, W.A., Basilides, Gnostiker, *Lexikon für Theologie und Kirche*, II, 1994[3], 59.

MAHÉ, J.-P., La prière d'action de grâces du codex VI de Nag Hammadi et le Discours parfait, *Zeitschrift für Papyrologie und Epigraphik* 13 (1974), 40-60.

MANSFELD, J., Diaphonia: the Argument of Alexander De Fato, chs. 1-2, *Phronesis* 33 (1988), 181-207.

MARIANEN, A., *The Woman Jesus loved. Mary Magdalene in the Nag Hammadi Library and Related Documents* (Nag Hammadi and Manichaean Studies XL), Leiden 1996.

MARKSCHIES, C., *Valentinus gnosticus? Untersuchungen zur valentinianischen Gnosis mit einem Kommentar zu den Fragmenten Valentinus*, Tübingen 1992.

MEEKS, W.A., Simon Magus in recent Research, *Religious Studies Review* 3 (1977), 137-42.

MORARD, F., Monachos, moine: histoire du terme grec jusqu'au IVe siècle: influences bibliques et gnostiques, *Freiburger Zeitschrift für Philosophie und Theologie* 20 (1973), 332-411.

PUECH, H.-Ch., *En quête de la Gnose*, tome I, *La Gnose et le temps*, tome II, *Sur l'Evangile selon Thomas*, Paris 1978.

RUDOLPH, R., *Gnosis, Wesen und Geschichte einer spätantiken Religion*, Göttingen 1977.

SAGNARD, F.-M., *La Gnose valentinienne et le témoignage de saint Irénée*, Paris 1947.

SCOPELLO, M., The Apocalypse of Zostrianos and the Book of the Secrets of Enoch, *Vigiliae Christianae* 34/4 (1980), 376-85.

—, Contes apocalyptiques et apocalypses philosophiques dans la bibliothèque de Nag Hammadi, *Apocalypses*, éd., C. Kappler, Paris 1988, 321-39.

—, Valentin et la gnose valentinienne, *Encyclopédie du catholicisme* XV, col. 650-62.

SEGELBERG, E., The Coptic Gnostic Gospel according to Philip and its Sacramental System, *Gnostica-Mandaica Liturgica*, Uppsala 1990, 19-30.

SFAMENI Gasparro, G., *Agathé Elpis, Studi storici in onore di Ugo Bianchi*, Rome 1994.

SIMONETTI, M., Eracleone e Origene, *Vetera Christianorum*, 3 (1996), 111-41.

STROUMSA, G.G., *Hidden Wisdom, Esoteric Traditions and the Roots of Christian Mysticism* (Studies in History of Religions LXX), Leiden 1996.

STRUTWOLF, H., *Gnosis als System. Zur Rezeption der valentinianischen Gnosis bei Origenes* (Forschungen zur Kirchen und Dogmengeschichte 56), Göttingen 1993.

TARDIEU, M., *Trois Mythes gnostiques, Adam, Eros et les animaux d'Egypte dans un écrit de Nag Hammadi* (NH II, 5), Paris 1974.

—, Comme à travers un tuyau: quelques remarques sur le mythe valentinien de la chair céleste du Christ, *The Rediscovery of Gnosticism: Proceedings of the International Conference on Gnosticism at Yale, New Haven, March 28-31, 1978*, tome I, *The School of Valentinus*, ed. B. Layton, Leiden 1980, 151-77.

—, Basilide, *Dictionnaire des philosophes antiques*, II, Paris 1994, 84-9.

TRAUTMANN, C., Organisation communautaire et pratiques rituelles, *Les Manuscrits de Nag Hammadi, dossiers d'Archéologie* n° 236 (1998), 42-9.

TURNER, J.D./McGUIRE, A., *The Nag Hammadi Library after Fifty Years, Proceedings of the 1995 Society of Biblical Literature Commemoration* (Nag Hammadi and Manichaean Studies XLIV), Leiden 1997.

WHITTAKE, J., Basilides on the Ineffability of God, *Harvard Theological Review* 62 (1969), 367-71.

WITT, R.E., *Albinus*, Amsterdam 1971.

WOLFSON, H.A., Negatives attributes in the Church Fathers and the Gnostic Basilides, *Studies in the History of Philosophy and Religion* I, Cambridge 1973, 131-42.

용어 색인

성서 색인